# 「好きなこと」だけして生きていく。

ガマンが人生を閉じ込める

心屋仁之助

PHP文庫

○本表紙図柄＝ロゼッタ・ストーン（大英博物館蔵）
○本表紙デザイン＋紋章＝上田晃郷

# はじめに

「好きなことだけをして生きていく」

もしそんなことができたら、とても幸せですよね。

そして、それを天職として生きている人もいれば、そうではない仕事を、生きるために我慢してやっている人もいると思います。

僕の場合はといえば、前職の仕事を、もしかしたら天職かもしれないと思いつつ、得意なことと不得意なこと、嫌いなこともありました。

そして、今ならわかるのですが、不得意なことでも「やらなければ」と、不平不満は許されない、やら「なければ」という、自分の中の命令によって動いていたような気がします。

「わがまま」「自分勝手」は、ダメだ、と。ぐすぐす言う暇があったら、黙ってやれ、と、自分にも周りにも叱咤激励《しったげきれい》して、「好きなこと」「嫌いなこと」なんて感覚も麻痺《まひ》させていたのかもしれません。

そして、いつも思っていたことは「自分はこんなに頑張っているのに」「自分はこんなに我慢しているのに」楽しくない、報われない。そんな思いが満載でした。

早朝から夜遅くまで、文字通り身を粉《こ》にして働いていた。なのに、評価されない、恵まれない、楽しくない……という不平不満の塊でした。それでも、今度は不平不満を言うことは悪いことだと、そんなことさえ抑え込んでいました。いや、抑え込んでいたつもりでした。でも、その分の「不機嫌」を周りにまきちらす……。ああ、そんな最低なことをしていました。

もちろん、楽しいこともいっぱいあったし、〝頑張った〟という充実感もありました。でもそれは、自分が幸せになるためには〝頑張る〟こと〝しか〟知らなかったからなのです。

そして、この心理の世界に転職し、今では、今まで「タブー」としてきた、「わがまま」「自分勝手」な仕事をして、好きなこと「だけ」して、嫌いなことは極力しないで、自由気ままに暮らすことにしています。

すると、不思議なことに、あれだけ頑張っても報われなかったもの、あれだけ我慢しても実らなかったものが、自分の想像をはるかに超える結果が出るようになったのです。

そんな僕の変わり方や、以前の僕を知らない人からも、どうすればそんなに自由に楽しく生きられるのか、好きなことだけして生きていくって、どうすればいいのか、ということをよく聞かれるようになりました。

「好きなことだけして生きていく」「わくわくすることだけして生きていく」というのは、一見、楽しいことのように思えますが、実は、とても楽しいことです（笑）。

今までは、努力すればするだけ報われると思って努力をしてきたのですが、よく考えれば、報われることもあるし報われないことも当然ありました。報われないときには、こんなに努力した「のに」という不満が残っていました。

そこで気づけばよかったのです。「努力＝報われる」ではないことを。

そして、気づいたことは、「努力しない＝報われる」だったということ。つまり、逆だったのです。

でも、それを言っても、なかなか信じてもらえません。「それまで必死で頑張ったからでしょ」とか「テレビに出たからでしょ」とか「あなただからできるんですよ」「環境が良かったんですよ」ということもよく言われます。

うーん、まあ、あながちはずれではないのかもしれません。でも、じゃあ、頑張った人は、全員報われるのか、テレビに出た人は全員報われているのか。僕じゃない人もたくさん報われているし、僕より明らかに能力の高い人でも、報われていない人もいっぱいいます。

なんかおかしいですよね。

今回は、この本の中で、その「好きなことだけして生きていく」ことは可能かどうか、そして、その方法をお話ししていきます。

でも、最初に言っておきますが、もしかしたら、それを読んで絶望するかもしれません。「私には、やっぱり、無理だ」と。

そして、もしその状態になったとしたら、実はそれがとてつもなくラッキーでもある、ということもお話ししておきます。それは「好きなことをして生きていくためには、一番好きじゃないことをやる必要がある」という最後の扉の前に立ったということなのです。

さあ「好きなことだけして生きていく」ことが、可能かどうか、一緒にお話ししていきましょう。

心屋仁之助

# 「好きなこと」だけして生きていく。

目次

はじめに　3

## 第1章＊頑張って生きても得るものはない

あなたは頑張っても報われない　18
頑張っても報われないオーラを出している　22
頑張らなくても価値がある、と信じよう　26
下りのエスカレーターで上ろうとする人たち　31
すべては素粒子でできている。だから価値は同じ　34
僕たちはみな神様!?　36
人は「私」であることにいかに気がつくか　39

そう思っている現実があらわれるだけ　40
「他力」を使えば何万倍にもなる　43
ビジネスクラスとファーストクラスに乗る人の違い　47
ハードルは越えるのではなく、そもそも必要なかった　51

## 第2章＊好きなことをして生きていると幸せがやってくる

好きなことをしていると、みんなが幸せになる　58
好きなことをしていると、なぜかお金が入ってくる　61
罪悪感がお金をブロックする　65

「大丈夫」の三文字だけで人を幸せにできる　68
今好きなことができる人は、どこに行っても好きなことができる　71
「好きなこと」に下積みなどいらない　74

## 第3章＊好きなことをして生きる考え方

好きなことをするには一番嫌なことをする　80
豊かさを受け取ると、〝ウンコ〟もやってくる　84
「もしそうなったら」はそうなったとき考えよう　87
みんなが好きなことをしても社会は成り立っていく　90
家族や会社に対する責任はとれない　92

好きなことをしてはいけない、という罪悪感を捨てる 96
罪悪感を捨てれば、嫌味な上司がいなくなる 100
手段と目的を間違ってはいけない 105
自分のことを信用する 108
今信じていることをやめて、信じられないことを信じてみる 113
一階から三六階に突き抜ける生き方 118

## 第4章＊好きなことをして生きるコツ

そこそこだと思っていると、そこそこの結果しか来ない 126
才能、徳、魅力を持っていることにしてみよう 130

最初は頑張らないことを頑張ってもいい 133
もっと人に迷惑をかけよう 136
迷惑をかけないと言っている人が一番迷惑 140
迷惑を引き受けると、迷惑はかからない 144
あやまればいいと思っていると、あやまらなくてすむ 147
「すみません。やってもらえますか?」と声をかけてみる 150
支えてもらい上手になる 153
上司に「休みます」と言ってみる 158
ボリュームいっぱいにして雑音を聞くな 161
「いい人」ぶるのをやめて、嫌な人になる 165
好きなことを全部やっても罰は当たらない 169
妬んでくるような人から好かれてはいけない 172
非難されたら嫌われてしまおう 175

## 第5章＊好きなことがないという人のために

本当に好きなことって何だろう？　182
「本当に好きなもの」には理由がない　187
世の中には「好きなこと」を言えない人がいる　189
「ああ、無理無理」が自分が一番やりたいこと　192
腹が立つことは自分がほしくてたまらないこと　195
親が「いい」と言ったものが好き　199
一生お金に困らないとしたら、何がしたい？　202
やりたいこと、それだけを追求すると、あり得ない現実がやってくる　206
まずは小さな「やりたい」から始めてみよう　209

やりたいけれどできないのは、やりたくないから　211
「かわいそうな私」でいることがあなたの好きなこと　213
バンジージャンプが怖すぎたら、歩いておりてきてもいい　217
未来の心配のために、今を犠牲にするな　220
鉄板焼きは肉から先に食べよう　224
今が幸せなら、全部ひっくり返せる　226

おわりに　232

編集協力　辻由美子
本文イラスト　村山宇希

第1章

# 頑張って生きても得るものはない

# ＊あなたは頑張っても報われない

好きなことだけで生きていくなんて難しい。

好きなことは、苦労した末に手に入れられるものなんだ。


僕もそう考えてきました。サラリーマン時代は。

だから、死ぬほど頑張りました。

体調が良くない日も、顧客とトラブって最悪な日も、上司と対立して会社をやめたくなった日も、毎日、朝早くから夜遅くまで、頑張って会社に通いました。

嫌なことでも歯をくいしばって我慢し、一生懸命頑張れば、そのうち報われて、好きなことをして暮らしていけるようになると思っていた。


ずっとそう思ってきた。

その結果、どうなったか。

頑張った分ぐらいは報われたこともあったけれど、理不尽な評価に不満を持ち続け、休むことすらできずに、一番守らなければいけない大切な人間関係を壊してしまいました。

どんなに頑張っても、報われる保証はありません。

頑張らなければ好きなことができない、と思っている限り、あなたは報われない。

なぜなら、あなたは自分が頑張らなければ認められないと思っているから。

「頑張らない私」には価値がないと思っているから。

だから死ぬほど頑張るんです。「私」の価値を認めてもらいたくて。

でもどんなに頑張っても、あなたの価値は認められません。

頑張って報われるのならば、すべての頑張っている人も報われるはずです。でも、そうとは限りません。逆に頑張りが足りないから認められない、のでもないのです。

実は、あなたがあなたの価値を認めていないのに、人があなたの価値を認めるわけがないのです。

自分でさえ価値を認めていない人間のことを、他人が「すごいですね」と認めてくれるでしょうか？

「私が作ったこの器《うつわ》は全然価値がないんです。でもあなたはすごいと思って、大事にしてくださいね」と言っているようなものです。

もし評価してくれたとしても、それを信じられないのです。

「頑張らない私に価値はない」と言ったのは誰でしょう？

それは本当のことですか？

本当だという証拠はありますか？

いつからそれを信じてきたんでしょう？

「そう思う」「そう感じる」「そんな気がする」だけではありませんか？

あなたが勝手に「価値がない」と思い込んでいるだけではありませんか？

実は、「頑張らない私」にも価値はあるのです。あなたが今は信じられなくても。

でもあなたは、心のどこかで自分は価値のない存在だと思っています。ずっと思ってきた。

どうせ価値がないんだし、と自分で自分を粗末にするから、周りの人もあなたを粗末にします。

あなたをバカにしたり、無視したり、認めなかったりします。

粗末にされるから、あなたも周りの人を粗末にします。

ひがんだり、怒ったり、非難したりします。

これではいつまでたっても、報われません。報われていても気づかないのです。

「自分には価値がある」ということを信じるための第一歩、それは、まずは頑張るのをやめること。

「頑張らない私」でも価値があるのだと実験してみるのです。

## ＊頑張っても報われないオーラを出している

でも「頑張らないと価値がない私」と思い込んでいる人は、なかなかその（頑張らない）チャレンジはできません。

「私は頑張らないと認められない人間」だと思って生きているので、認められない状況や頑張れないときがほんの少しでもあると、心がものすごく反応して、

「ほら、見たことか！」「ああ、やっぱりね」「私は頑張らないとダメな人間なんだ」とそのことを大きくして、ため込んでいくからです。

いつもいつも、「認められない」ことを拾い集めては、「やっぱりね」と確認している。

そういう人の周りには、「頑張っても報われない」ことがたくさん集まってきます。

当然ですよね。

「報われないこと」ばかりに注目し、「報われなかったこと」を集めるコレクターになっているのですから。

そして「ダメな私」を再確認しては自己評価を下げているので、自己評価が低いオーラがにじみだして、周りからも低く見られてしまうのです。

僕のすぐ身近にもこんな人がいました。

僕の養成講座に通っている若い女性です。

彼女はとても優秀な営業ウーマンです。今まで何度も営業成績でトップになったことがあります。

若いながらも、お客さんからの信頼は抜群で、彼女でなければ取引しないと公言している顧客先もあるそうです。

そんな彼女の口癖が「頑張っても報われない」です。

「私は一生懸命頑張っているのに、会社は全然評価しない」

「上司が手柄を横取りする」

「ラクをして高い給料をもらっている人がいる。ズルい」……。

彼女は、「私は報われない人間なんだ」と思っているので、ちょっとした上司の言葉や態度にも過剰に反応して、「ああ、やっぱり私は認められないのね」と結びつけてしまいます。

そして「私は認められないんだ。よーし」とその思いを抱きしめているので、いつまでたっても報われない現実しか目に入らないのです。そして、頑張らないで報われている人に腹が立つのです。

実は僕は彼女の会社の偉い人を知っています。その人から彼女は社内でものすごく評価されていることを聞かされました。

彼女は本当は認められていないわけではなかったのです。

でも「頑張っても報われない」と思い込んでいる彼女には、自分の思い込みと違う情報は受け取れません。

本当は上司も会社も彼女をちゃんと認めているのに、そのことに気づこうとさえしないのです。

「頑張らないと報われない」「頑張らないと価値がない」

その思い込みをぎゅっと抱きしめている限り、報われないことだけが周りに集まってきます。

そういう現実が自分の周りを固めます。

そして、「認めてもらう」ためには、「もっと頑張る」以外の選択肢がないのです。「好きなこと」「楽しく」ではなく、「とにかく頑張る」と。

本当はちゃんと認めてもらっているかもしれないのに、あなたが報われないことしか見ないから、あなたの環境を「認められない」に塗り替えてしまっている。

そろそろ、その呪縛から抜け出しましょう。

## *頑張らなくても価値がある、と信じよう

そうは言っても、人は「頑張ること」を簡単に手放すことなどできません。

僕自身がそうでしたから、よくわかります。

僕は頑張って働いても、先が見えなくなって会社をやめました。

そして自分がやりたかった心理カウンセラーになったのに、また頑張ってしまいました。

お客さんが来るように、一生懸命活動し、京都と東京やほかの都市へも何度も往復し、少しでもサービスしようと、セミナーの受講料も安く設定してみたり。

一生懸命サービスして、あまり高くすると、人は来てくれない。自分にはそれだけの価値しかない、と公言していたようなものです。

せっかく会社をやめたのに、またしても、〝頑張ってるのに報われない罠《わな》〟にはまるところでした。

いかん！　また同じ道をたどろうとしている！

あるときそう気がついて、僕は頑張るのをやめました。

自分が好きなことだけをやろうと心に決めたのです。

自分がやりたくないことはやめよう、と心に決めたのです。

もう京都でしか仕事をしない。出張もしない。セミナーの料金も思い切って値上げする。

来たい人だけ僕のところ（京都）に来てくればいい、と。

勇気はいりましたよ。

でも、自分で自分の価値をおとしめている限り、永遠に好きなことはできないと腹をくくったのです。


どうなったか。

受講料を値上げしたほうが、人はどんどん来てくれるようになりました。

京都でしか相談を受け付けないようにすると、全国からわざわざ京都まで相談にやってきてくれるようになりました。

出版社から次々と新しい話がまい込み、噂《うわさ》を聞きつけたテレビ局から出演の依頼がありました。

僕はただの一度も出版社やテレビ局に自分のことを宣伝したり、営業したり、頼んだことはありません。

頑張るのをやめて、ただ自分には価値があると信じることにしただけなのです。

ただそれだけ。自分が、という〝が〟を捨てた。

すると周りも僕のことを「価値がある」と言ってくれました。

今までの僕は、きっと「大きく見せたい」をぷんぷん発散させていたのでしょう。

「頑張らない自分でも価値がある」と決めてからは、やっと自然体になれたのだと思います。

「大きく見せようと頑張っている人」と「自然体で楽しんでいる人」。

どっちに人は集まるでしょう?

僕だったら、楽しんでいる人のところに行きます。だってそちらのほうが楽しそうだし、いいことが起きそうだから。

気づいたら、僕は頑張らなくても好きなことだけして生きていけるようになっていました。

僕に起きたのはとても簡単なことです。

自分には価値がないと思っている→価値を認めてもらえるように頑張る→でも頑張っても報われない→ますます自分には価値がないと思ってしまう。

この悪循環をひっくり返すだけ。

そっくりひっくり返してください。

つまりこうです。

自分には価値があると思ってみる→価値があるから頑張らず自然体でいると、成果が上がる→頑張らなくても報われる→ますます自分には価値があると思うようになる。

このように現実が逆になるのです。スタートは〝自分には価値がある〟と思えるかどうかにかかわらず、〝価値があることにする〟ところがポイントです。

## ＊下りのエスカレーターで上ろうとする人たち

世の中は実はとてもシンプルな仕組みでできていると僕は思います。

「人生は人が思うほど甘くない」のではなく、本当は「人が思うよりずっと甘くて優しい」のです。

大切なのは、それを信じられるかどうかです。

先日、京都駅でこんな光景を目にしました。

下りのエスカレーターに乗って、一生懸命上がろうと遊んでいる子どもがいたのです。

渾身《こんしん》の力を込めて、下りのエスカレーターを上っていく。

その横に上りのエスカレーターがあるのに。でも、それを子どもは楽しんでいました。

人生とちょっと似ているな、と僕は思ってしまいました。

世の中には下りのエスカレーターに乗って、上に上がろうとする人がたくさんいます。

また、エスカレーターには下りしかないと思っていて、一生懸命上ろうとするのです。それが素晴らしいことなんだと思っているのです。かつ、けっこう楽しいのです。

もちろん、下りのエスカレーターでも一生懸命上れば、上に上がれます。でも上っている最中に、ちょっとでも足を止めたら、スーッと下がっていってしまいます。

「あかん、休んだら下がってしまう」

また、必死に上り続ける。ずっと、休まず。

頑張っている人は、きっとそんな感じなんだろうなと思います。

でも、人生というのは、基本、上りのエスカレーターだと僕は思っています（昔は逆だと思っていました）。

そういう流れがつねに僕らの周りに渦を巻いて、その流れに身を任せてじっとしていれば、ちゃんと上まで連れて行ってくれる。

それなのに、なぜか「あかん」と思って、「ラクは、いかん」と思って、わざわざ下りのエスカレーターに乗ろうとする人がいるのです。

頑張って、苦労して、一生懸命我慢して、下りのエスカレーターを駆け上がらないと自分の好きなことはできない。

そう思い込んでいるのです。

ちょっと横を向けば、上りのエスカレーターがあって、何もせずにゆうゆうと上っていく人がいるというのに。

でもそういう人を見ると、下りのエスカレーターを必死で駆け上がっている人は、鬼のように怒って、「ズルい」「許せない」と非難します。

好きなことをしてラクして生きている人が妬《ねた》ましくて、腹立たしくて「なんて奴！　あんなズルは許せない」と思ってしまう。

昔の僕もそうでした。

今だったら、自分にこう言ってあげるでしょう。

「上りのエスカレーターがすぐ横にあるよ。君も乗ればいいやんか」

## ＊すべては素粒子でできている。だから価値は同じ

誰でも上りのエスカレーターに乗ることができます。

でも乗りません。

「だって上りのエスカレーターに乗っていいのは、才能がある人や運がいい人だけじゃないですか」

「私なんかとても乗る価値がありません」

「そんなズル、できません」

いろいろなことを言い訳にして、そっぽを向いてしまいます。

「頑張らないと価値がない私」をぎゅっと握りしめているので、それが否定されてしまうのが怖いのです。

せっかく目の前に上りのエスカレーターがあるというのに。

もったいない！

もしかしたら、そもそも上りのエスカレーターに乗っているのに、一生懸命下りているのかもしれませんね。

人の価値に差なんてありません。

だってつきつめれば、人はみな素粒子でできているんですから。

僕も、あなたも、あの人も、みな小さな素粒子の粒がぎゅっと集まって、人の形になっているだけ。目の前にある本やテーブルや壁だって、みな素粒子が集まってできている塊です。空気も同じ。

素粒子はみな同じだから、僕にもし価値があるなら、あなたも、あの人も、本や、テーブルも価値があります。

あなたに価値がないなら、僕にも、あの人にも、本にも、テーブルにもお金にも愛する人にも価値はありません。

みんな同じ素粒子なんですよ。

## ＊僕たちはみな神様⁉

もうちょっと言うと、素粒子には電気を帯びる性質があるらしいですね。

僕たちが頭の中で何かを思い浮かべるのも、頭の中に電気が流れるからです。

インスピレーションは電気という形でやってくる。

この粒全体を「神様」というのではないか、と僕は思っています。

いいアイデアがひらめいたり、何か予感がしたり、啓示を受けたり、偶然を引き寄せるのも、電気という神様が流れるからではないかと僕は思います。

僕たちが電気の粒でできているということは、つまりは僕たちは神様でできている⁉

だから、価値がないということは絶対ないのです。

僕たちは神様（の一部）なんですから。

神様なんですよ。笑えますね。

ただ、世の中には、同じものを見ても「価値を感じる人」と「価値を感じない人」がいるのは事実です。

こんなふうに。

ある絵を見てAさんは「素晴らしい。一〇〇万円出してもほしい」と思います。

でも同じ絵を見てBさんは「ふ～ん。こんな絵をほしいと思う人がいるんだ。どこがいいんだろう」と思います。

見た絵は同じ。

でも、人によって価値が違います。

つまり価値を作っているのは、その人の心の中にある考え方です。

自分に価値がないと思うのは、自分の心の中で自分には価値がないと「信じている」からにすぎません。

あなたの価値を決めるのはあなた自身です。

自分以外に自分を認めたり、責めたり、おとしめたりする人はいません。


あなたが自分をおとしめているから、人もあなたをおとしめる。

あなたが自分を責めるから、人もあなたを責める。

あなたが思うから、人もそう言う。

あなたが思うことが最初です。この順番を間違ってはいけません。


ただ、あなたが自分に価値はないと思っていても、そんなあなたを評価してくれている人もいるのです。ただあなたがそれを受け取れないだけで。

## ＊人は「私」であることにいかに気がつくか

だから、人をバロメーターに使うと、とてもわかりやすいと思います。

あの人が元気になってきたら、私も元気になってきたのだ、と思えばいい。

自分の周りに愚痴ばかり言う人が集まってきたら、自分も愚痴ばかり言っていると思えばいい。

自分の周りの人たちが、自分を認めてくれない人ばかりだということは、自分が自分のことを認めていないからだと思えばいい。

あの人が発する言葉は、私が知らずに心の中で思っていることを、かわりに私の耳に入れてくれているだけ。

何事も、そう思って見ていくと、人間関係がとてもわかりやすくなります。

なあんだ、全部自分だったんだ。

わかりやすいですね。

## ＊そう思っている現実があらわれるだけ

自分が思うことが先ですから、「頑張らないと認めてもらえない」「苦労しないと好きなことをして生きていけない」と思っていると、そういう現実があらわれます。

「思う」ことにあてはまる現実をせっせと集めてくるからです。

それがよくわかるのが、被害者と加害者の問題です。

たとえばダメ男（DV、借金、浮気、不労働等）にひっかかってしまう女性。一見すると、被害者は女性、加害者はダメ男です。

でも実は、ダメ男を作ったのは女性なのです。

被害者が加害者をわざわざ連れてきた。

連れてきたという表現が腑《ふ》に落ちなければ、「本当は何でもない人」をダメ男にしてしまった、と言ってもいいでしょう。

ダメ男にひっかかる女性は「人に尽くしたい」「助けたい」「幸せにしたい」頑張り屋さんです。

自分には価値がないと思っていて、価値を認めてもらうには、「人の役に立つ」か「人のために尽くす」ことしかないと、なぜか思い込んでしまった人です。

世の中にはこういう女性がけっこういるんです。

この人は私がいないとダメなの。

私が支えて立派な人にしてあげたいの。

「役に立っている私」を確認したいから、「自分が尽くせる相手」を探して歩きます。

またしっかり者には、そういう人になってもらいます。

もし相手が支える必要がない人だったとしても、「あなたがしっかりしていたら、私が支えてあげる必要がなくなっちゃうわ。私が頑張るためには、あなたはダメな人になってほしいの」というオーラを出して、相手の弱いところ、ダメなところを刺激します。

相手が「そろそろお金がないなあ」と思っていると、いそいそとお財布の中にお金を入れてあげたり、先回りして何かと世話を焼くのです。

そうすることで、自分が人の役に立っていることを確認して、安心するのです。

逆に男性は、自分が役立たずのように扱われて、働く気がなくなってしまいますね。

同じダメ男でも、ほかの女性と付き合うと、ダメ男にならないことが多いのです。

被害者（報われない人）になりたい女性とくっつくから、ダメ男になるだけです。

「被害者になりたい」が先。その思いがダメ男という現実を連れてきます。

ダメ男だけでなく、ダメ上司、ダメ部下も同じですね。

## ＊「他力」を使えば何万倍にもなる

僕は思いを変えました。そんな「役に立つ自分」「頑張る」「我慢の自分」をやめて「もう好きなことだけしよう」と思うことにしました。

それだけの価値が自分にはあると思ったのです。そうしても「許される」ことにしたのです。

すると僕の周りに助けてくれる人がポツポツとあらわれ始めました。

自分が勝手に「一人で」しなければいけないと思っていただけでした。


僕は一人で一生懸命、井戸を掘っていました。

井戸を掘らないと水が手に入らない、と思っていたわけです。


来る日も来る日も、つるはしを持って、懸命に井戸を掘っていた。

僕の近くには川がとうとうと流れていたのですが、自分の水は自分で井戸を掘って手に入れなければいけないと思っていたので、川の水には目もくれませんでした。川の水を引いてきてラクしてる人を見ては〝ズルい〟と腹を立てていました。


でもあるとき、ふと冷静になって考えたのです。

「あそこに川があるよな。あの川から溝を掘ってくれれば、井戸を掘らなくても、あいつみたいに自分の水が手に入るんじゃないのかな」

そこで溝を掘ることにしたのです。

さらに、今までの僕の思考だったら、溝を掘るのも全部自分でやらなければと思うところでした。

でもそのときは、「ちょっと待てよ」と思いました。

周りには人がたくさんいます。

もしかしたら手伝ってもらえるかもしれない。

僕は試しに「すみません。溝を掘ってもらっていいですか?」と叫んでみました。

すると「おお、掘るで」という人がたくさんあらわれたのです。

僕の周りには掘りたい人、掘るのが得意な人、好きな人がいっぱいいたわけです。

彼らが集まってきて「任せとけ」とばかりに溝を掘って、みるみるうちに溝は完成しました。それを僕が喜んでいることが、一番嬉しいと言ってくれます。

川から僕のところにふんだんに水が流れるようになったのです。

今、僕はその水際にごろんと横になって、何の心配もなく好きなことをして暮らしています。そして、その流れてきた水をたくさんの人と分かちあっているのです。それが結果として、溝を掘ってくれた人へのプレゼントになっている。

そんな感じです。

「おお、掘るで」と言って、溝を掘ってくれた人たちを僕は「他力《たりき》」と呼んでいます。

僕は今まで「自力」の人だったので、「僕がやります」と自力で頑張っている間は「他力」が入る余地はありませんでした。

でも本当は「自力」より「他力」のほうが何万倍もパワーがあります。

自分一人で頑張るより、「他力」を使ったほうが、絶対力がありますよね。

「自分が」というこの「が」をなくしたとたん、「他力」がわっと集まってきます。

でも「他力」が信じられないと自分「が」を捨てられないので、「他力」が増えません。そして「自分」が信じられないから「他力」を頼れないのです。

自分「が」が増えると、「他力」が減る。

自分「が」を減らすと、「他力」が増える。

簡単なバランスゲームですね。

## ＊ビジネスクラスとファーストクラスに乗る人の違い

「他力」の力のほうが圧倒的に強いから、「他力」を使えば、頑張らないで、好きなことややりたいことができるようになります。

ファーストクラスでの世界一周にチャレンジしたことのある友人のコンサルタント本田晃一《こういち》さんから聞いた話です。

ファーストクラスに乗っている人と、ビジネスクラスに乗っている人の違いについての話でした。

飛行機のファーストクラスに乗れる人は「他力」を使える人です。

なぜかというとファーストクラスの航空運賃はものすごく高額なので、自力で頑張ったくらいでは、ぽんと出せる金額ではありません。

でもビジネスクラスの運賃ぐらいなら「自力」で頑張れば、何とか乗れます。

ビジネスクラスにいる人たちの多くは「自力」で頑張っている人たちです。

頑張っている人たちなので、飛行機を待つラウンジの中でも多くの人が仕事をしていたと言います。

パソコンを開いたり、書類に目を通したり。

でもファーストクラスにいる人たちは違います。

隣に座った人とにこやかに会話をし、ワインや食事を楽しみ、ゆったり新聞を読む。

両者は服装も違います。

ビジネスクラスの人たちは圧倒的にきちんとしたスーツ姿が多く、ファーストクラスの人たちはカジュアルで楽なかっこうが多いそうです。

頑張れば、何とかビジネスクラスまでは行ける気がします。

でも自力だけではファーストクラスには行けません。自力で頑張っている人は、自力で頑張るのをやめると、ビジネスクラスもとたんに行けなくなる。

ファーストクラスの人たちは自力で頑張らない人たちです。

頑張らずに、「他力」を使っているのです。人を信用しているのです。

そうしないとファーストクラスの域《いき》にまで突き抜けないのです。

勝手なイメージですが、バリバリのキレ者よりも、ちょっとボンヤリしてるぐらいの優しいおじさん、という域でしょうか。文字通り「抜け」ているのでしょうね。

僕はまだまだファーストクラスには乗れませんが、「他力」を使うようになったら、「自力」で頑張っていたときより、もっとたくさんのことができるようになりました。

ベストセラーの本を出すことも、テレビに出ることも、「自力」だけでは無理でした。

たくさんの「他力」が動いたとき、頑張らなくても、たくさんの「好きなこと」がどんどんできるようになったのです。そして逆に、「好きなこと」をやることが他力を動かす方法でもあるのです。そして「好きなこと」をやるためには
……。

## ＊ハードルは越えるのではなく、そもそも必要なかった

なぜ頑張らないと、自分は価値がないと思ってしまったのか。

それは小さい頃、親や先生や周りの人にそう言われ続けたからです。

「運動会、頑張るのよ」

「頑張って、食べなさい」

「テスト、こんなに頑張ったの。偉かったわね」

「何よ、この成績。頑張りが足りないのよ」

大人は子どもに「頑張りなさい」「ラクするな」「世の中は厳しい」と言います。

子どもの心にはこんな考えが根付いてしまいます。

頑張れば、ほめてもらえる。

頑張れば、認めてもらえる。

でもその反対は、頑張らなければ認めてもらえない、です。

だからあなたはほめてもらいたくて、頑張りました。親に喜んでほしくて頑張りました。親に悲しい顔をさせたくなくて頑張りました。

一生懸命頑張って課題をクリアするとほめられるので、もっとほめられたくて次の課題を持ってきました。

乗り越えるハードルがなくなると、ほめてもらえなくなるかもしれないので、それが怖くて、一生懸命、次のハードルを探しました。

ハードルが高ければ高いほど、たくさんほめてもらえるので、「次はもっと高いハードルを越えてやろう」と、次々とハードルを上げていく頑張り屋さんになったのです。

そもそものハードル、必要だったんでしょうか？

わざわざハードルを跳ばなくても、そのわきを通っても、よかったんじゃないでしょうか？

今もそういう人が周りにたくさんいませんか。

頑張らないで、好きなことをしている人が。

頑張らないでも、いい思いをしている人が。

頑張らないでも、ちゃんと認めてもらっている人が。

「ハードルを跳ばずに、わきを歩くなんて、そんなのズルです」

とあなたは言うでしょう。

そう思うから、あなたには最初からわきを通る道は見えないのです。

道があるのに見えない。

あなたが拒否しているから。

あなたが受け取らないから。

そんなことしてたら、愛されないから。

でも、あなたの周りには、ハードルを跳ばずにわきを歩いて、どんどん認められて、好きなことを実現している人がたくさんいます。

ハードルを跳ばずにズルをするという、それこそがあなたの本当のハードルではありませんか？

わきを通るという〝壁〟、ズルをするという〝タブー〟を越えること。

それは頑張って、試練というハードルを越えなくても、価値がある自分を自分で認めることです。

ハードルなんていらなかった。

越える必要なんてなかった。

ハードルなんていらない、と気づくことが、本当の自分の価値を見つけること。

頑張っていないのに、好きなことをして生きていける人生のスタートだったのです。

## 第1章のまとめ

- 頑張らなければ好きなことができない、と思っている限り、報われない。
- 「自分は頑張らないと価値がない」と思っていると、「好きなこと」「楽しいこと」を選べず、「とにかく頑張ってしまう」。
- 「自分を大きく見せたい」と肩に力が入っている人より、人生を自然体で楽しんでいる人のほうが、人が集まってくる。
- 人生は上りのエスカレーターのようなもの。あなたが思っているよりずっと甘くて優しい。
- 何でも「自力だけで」やらなければと思うのをやめる。好きなことをして生きている人は、「他力」を受け入れ、使っている人。
- 人生に、乗り越えなければならない何かや、試練というハードルは必要ない。ハードルなんていらない、と気づくことが、好きなことをして生きていくためのスタート。

第2章

# 好きなことをして生きていると幸せがやってくる

## *好きなことをしていると、みんなが幸せになる

今だからこそ言えるのですが、せっかく生まれてきたのに、やりたいことをやらないのはもったいない、と僕は思います。

そんな人生は死んでいるのと同じです。

今、僕は好きなことを、好きなようにやるために生きています。

二〇一五年から毎年開催している〝ライブツアー〟もそのひとつ。素人《しろうと》のくせにギターを弾いて、大舞台で歌を歌うリサイタルまでやってしまいます。二〇一七年には、日本武道館で、たった一人でのライブ「独演会」も開催しました。

来てくれたお客さんを楽しませるためじゃありません。

僕が楽しみ、僕が幸せに生きるために、まるで福山雅治さんみたいな本格的な

ステージを作ってもらって、勝手に歌ったりしています。

「素人のくせに」と思うのもやめました。素人だけど、やっていい。

なんて傲慢《ごうまん》な。

なんて身勝手な。

なんてこっぱずかしい。

でも僕は平気です。

なぜなら、僕が思い切り楽しむことや僕が勇気を出して好きなことをすることが誰かの背中を押して、人生の道を開くからです。

僕が手を貸さなくても、それぞれの人が勝手に幸せになることを信じて、僕は大舞台に立ち、好きなことをやり続けます。

すると、来てくれている人たちが、僕につられて踊ったり、歌いだしたりします。

本当はみんなみたいに踊りたかった。
歌いたかった。
はじけたかった。
そんな人たちが僕の姿につられて、やりたいことをやる勇気を持ってくれるのです。

好きなことをすると、自分らしく生きられます。
好きなことをすると、人生が楽しくなります。
好きなことをすると、自由になります。
好きなことをすると、人に優しくなれます。

その幸せを信じられる人が幸せになります。
堂々と遠慮せずに、やりたいことをやればいい。みんなが勝手にやりたいことをやれば、みんなが幸せになります。お互いに迷惑をかけ、お互いに助けあうのです。お互いに役に立つのです。

## ＊好きなことをしていると、なぜかお金が入ってくる

好きなこと、テンションの上がることをやっていると、幸せになる。

そしてなぜかお金が入ってきます。

僕はゴロゴロしているのが好きなので、一日中ゴロゴロしていますが、お金には困らないようになりました。

昔は歯をくいしばって、嫌なことを我慢して、今の何倍も死ぬほど働いたのに、いつもお金がないと思っていました。

我慢して働くのをやめて、好きなことを始めたら、なぜかお金が回るようになったのです。

「それは心屋さんだからでしょう」

と言われてしまいそうですが、そうではありません。

お金持ちといわれる人たちを見てください。我慢して、死ぬほど働いている人はあまりいません。みな人生を楽しみ、豊かに暮らしています。

もちろんお金持ちといわれる人の中にも、我慢して、死ぬほど働いている人もいます。

僕に言わせると、彼らはまだお金持ちではありません。

自分がお金にふさわしい価値があるとは思っていないので、いくら稼いでも、「まだ足りない」「もっと稼ごう」「もっと稼がないとなくなってしまう」と成功や失敗にこだわり、いつもお金におびえ、追われている人たちです。

本当のお金持ちは、お金に追われてはいません。

お金に不安も持っていません。

自分が働こうが、働くまいが、誰かの役に立とうが、立つまいが、自分が何をしようが、しまいが、自分という存在は豊かさを受け取る価値があることを知っているので、お金なんか追いかけなくてもいい。

不安にもなりません。

だから好きなことができます。

好きなことをして幸せになる。

すると、なぜか働いた分以上の豊かさや、今まで考えたこともなかったところからの収入を手にすることができます。

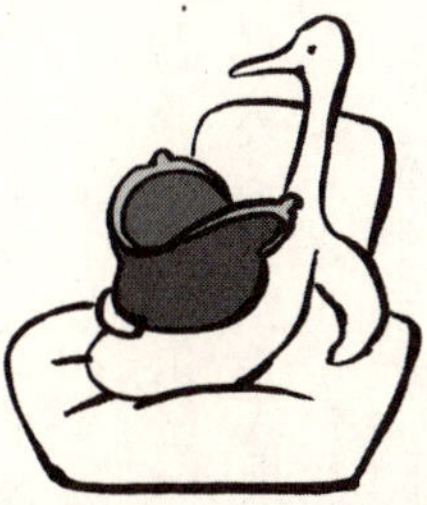

僕の知り合いの編集長に「仕事は己の欲望を達成するためにあるんだ」という

名（迷？）言を吐いた人がいます。

その人は私利私欲のために仕事をしています。仕事を好きなことに変えてしまったのです。

彼はある俳優さんが大好きでした。その人に会いたい一心で、俳優さんのエッセイを企画し、仕事を通じてまんまと好きな俳優さんと仲良くなることができました。

今度はその本の表紙を作るために、自分が好きな漫画家さんに作画を依頼しました。

ちゃっかり、漫画家さんに会って、またまたいい思いをしました。

彼がどうなったか。

私利私欲のために作った本が、どんどん売れてしまったのです。

何十万部も増刷になり、会社は大もうけ。編集部にも大入り袋が出ました。

俳優さんも大喜び。

漫画家さんも大喜び。

読者も大喜び。

編集部も大喜び。

社長も大喜び。


私利私欲で作ったものがみんなを幸せにして、お金まで入ってくることもある。

好きなこととはそういうことです。

私利私欲で生きるのは悪いことではありません。悪いと思っている自分がいるだけです。

## ＊罪悪感がお金をブロックする

好きなことをしていると、なぜかお金が入ってくるのは、私利私欲で生きるのに罪悪感がないからです。

自分には存在しているだけで価値があると思っているので、私利私欲で生きていようと、人の役に立っていなかろうと、豊かさや幸せを受け取っていいと思っているからです。

豊かさを受け取るお財布の口がいつも大きくあいている。

だからお金が入ってきます。


好きなことができない人は、好きに生きてはいけないと思っています。

自分には価値がないので、価値がない私が好き勝手に生きてはいけないと思っているのです。

自分に罪悪感があるので、もしお金をもらっても、罪悪感で使えません。

だって価値がない私が、そんなお金を使えるわけないじゃありませんか。

そして罪悪感を感じたくないから、自分でお金が入ってこないようにブロックしてしまいます。

豊かさを受け取るお財布の口を自分でしめてしまう。

お財布さえ、隠してしまう。

たとえば素敵なお金持ちと結婚して、働かなくても自由にお金が使えるようになったとします。

今の僕だったら、毎日好きなことをして遊びほうけます。

でも罪悪感がある人は、夫においしい料理を作らなければいけないと思い、一生懸命、料理教室に通ったり、お手伝いさんが雇えるのに、自分で家事を完璧にやろうとします。

何とかもらえる額にふさわしい価値を提供して、安心を得ようとするのです。

でもその価値が提供できないままに、幸せや豊かさを受け取ってしまうと、罪悪感でいっぱいになってしまうので、自分で受け取らないようブロックしてしまいます。

罪悪感を感じるくらいなら、最初から豊かさなんてもらわなければいい。

「あの人とは合わないのよ」

「私のタイプではないわ」

せっかく目の前にお金持ちの素敵な彼があらわれても、なかったことにする。

目の前に好きなことができる人生が広がっていても、受け取ろうとしません。

もったいないですね。

## *「大丈夫」の三文字だけで人を幸せにできる

だから頑張って自分の価値を上げようとしなくても、「私はもう価値がある」

「私は素晴らしい」と決めてみませんか。

そう決めれば、私は存在しているだけでもう価値を提供しているのだから、それに対する豊かさは受け取って当然ということになります。「価値＝役に立つ」ではないのです。

長者番付で有名な斎藤一人《ひとり》さんという方はものすごく存在感のある方です。

僕はずっと斎藤一人さんに憧れていました。

一人さんと話す機会がありましたが、あの人に「大丈夫」と言われたら、本当に「大丈夫かもしれない」と思えるくらいのオーラがありました。

一人さんのように、毎日頑張らないで、好きなことをして生きていて、会った人に「あなたはそれで大丈夫ですよ」と言ってあげるだけで人を幸せにできる人になりたいと、僕は心底思いました。

一人さんがそんな状態を作り出せるのは、一人さんが存在しているだけで、価値を提供しているから。

そして一人さんがそれを知っているからです。

そこで僕も「そういう人間なんだ」と決めることにしました。

ずっとないと思ってきた自分の才能や、魅力、存在価値を、全部あるのだと勝手に「決めた」ときから、「僕も一人さんみたいな人間なんだ」ということにしたのです。

決めたとたん、すべてが動きだしました。

僕を知ってくれている人のところに、僕がふっと顔を出すだけで、みんなが喜んでくれるようになりました。

僕が「大丈夫やで」と言うだけで、ハッピーになれる人が出てきました。

「大丈夫」というこの三文字だけで、人が幸せになれる。

どんな魔法も使っていません。

「自分には価値がある」と決めただけ。

価値があるから、好きなことをしてもいいと決めただけ。
それだけで、価値がある人生がやってきたのです。

## ＊今好きなことができる人は、どこに行っても好きなことができる

僕が始めたように、好きなことはいつだって始められます。
今日、今から、この瞬間にも好きなことはできます。

水を飲みに行く。
お菓子を食べる。
足を組み替える。
テレビを見る。
仕事をさぼってカフェに行く。
隣の人とおしゃべりする。

そんなちっぽけなことが「好きなこと」?

私がやりたいのはもっと大きなことです、という声が聞こえてきそうです。

でもあなたがやりたいのは「好きなことをして生きていく」ですよね。

何が手に入って、何がなくなったら、それはできるのでしょう?

いったいいつになったら、好きなことができるのでしょうか?

なぜ「好きなこと」を先送りするのでしょうか?

今、この条件で、与えられたものの中で、好きなことをしてみたらいいではありませんか?

だってすぐできるのですから。

いつやるんですか?

今でしょう。

今、好きなことができない人は、どこに行っても好きなことができません。

すごく頑張って、お金がたまって、ちゃんと好きなことができるようになっても、「まだまだ」「こんなんじゃない」「私がやりたかったのは、こんなちっぽけなことじゃない」と思います。

いつまでたっても、好きなことをしているという満足感が得られない。

今与えられているものを受け取れる人は、大きなプレゼントも受け取れます。

今ある小さな好きなことが受け取れる人は、大きな好きなこともちゃんと受け取れます。

今ある好きなことができる人は、本当に好きなことが出てきたときも、「あ、やろ」とフットワーク軽く動くことができます。

でも今ある好きなことが受け取れない人は、好きなことをやりなれていないので、本当に好きなことが出てきたときも、「こんなんじゃない」と思って動きません。

筋肉と一緒ですね。
ふだんから動かしていないと、体は急に動きません。

## ＊「好きなこと」に下積みなどいらない

好きなことをするには修業が必要ですか、と聞いてきた人がいます。

「会社に入っても、最初はやりたい仕事はやらせてもらえません。コピー取りをしたり、先輩の手伝いをしたり、下積みをして、ようやくやりたいことができます。好きなことをするにも、修業が必要なんじゃないですか？」

そんなことはないと思います。

好きなことをやるのに下積みや修業は必要ない。

でも人から見たら下積みに見えることはあります。


たとえば野球選手になりたい人は一生懸命バットの素振りをします。

ふつうの人が何の目的もなくバットの一〇〇〇本の素振りをやらされたら、苦痛以外のなにものでもありません。まさに修業ですよね。

でもメジャーリーガーをめざして、練習に励む野球選手は一〇〇〇本の素振りさえ楽しくてたまりません。

野球が好きで好きでたまらないから、野球がうまくなるために一〇〇〇本の素振りをする。え？　しないの？　するでしょ、フツー？　うまくなりたいんだよね？という感じですよね。

彼にとっては素振りでさえ、好きなことに含まれるのです。

下積みか下積みでないかは、下積みがその人にとってどんな意味を持つかによって違ってきます。それを下積みと思って楽しめない人は、その先にあることも、それほど好きなことではないのかもしれませんね。

その道のプロになる人は、好きなことを夢中になってやっています。

無我夢中で、損得も考えずに、人がどう言おうとおかまいなく、将来のことも考えずに、気がついたら、圧倒的な数の練習を重ねている。

「圧倒的な数の練習」を下積みといいます。

失敗するのが怖い人は、いっぱい練習してもプロになれないのが怖いので、最初から練習しません。

あるいはちょっとだけ練習して、挫折《ざせつ》が怖くてやめてしまいます。

そしてこう言います。

「俺も本気になれば甲子園に行けたんだぜ」

「やればできる」という言い訳をお守りにして、でも野球が好きだとつらすぎるので、もう野球は好きではないことにして、別のことをやるのです。

そういう人にとって、一〇〇〇本の素振りは間違いなく下積みといえるでしょう。

下積みに思えるのは、もしかしたら自分の好きなことを、もうすでにあきらめてしまっているからなのかもしれません。

もし憧れの会社に入って、その会社でやりたい仕事があるなら、コピー取りの仕事もやりたい仕事につながっているはずです。

それが下積みに思えてしまうのは、すでにやりたい仕事をあきらめてしまっている、あきらめるクセがついているのかもしれませんね。

好きなことをする中に下積みも全部含まれています。

下積みさえも楽しい。

それが好きなことをして生きるということです。

## 第2章のまとめ

- 好きなことをすると、自分らしく生きられるようになり、人生が楽しくなり、自由になり、人に優しくなれる。
- 好きなことをしていると、なぜかお金が入ってくる。
- 罪悪感があると、幸せや豊かさを受け取ることができない。
- 「自分には価値がある」と決めると、価値のある人生がやってくる。
- 小さな「好きなこと」ができる人は、大きな「好きなこと」もできる。
- 好きなことならば、他人から見て大変なことでも、楽しい。

第3章

# 好きなことをして生きる考え方

## ＊好きなことをするには一番嫌なことをする

好きなこととラクなこと。ちょっと似ていますが、実は全然違います。この違いをわかっていれば、ラクなことに流されて、結果的に好きなことは全然できていなかった、などということがさけられます。

この違い、ちょっと考えてみましょう。

本当に好きなことをやろうと思ったら、人に迷惑をかけてしまうかもしれません。人から非難されたり、嫌われたり、バカにされたり、妬まれたりする可能性もあります。いや、可能性ではなく、確実にそうされます。

あなたが突然「会社をやめて、今日からミュージシャンをめざす」と宣言したら、どれだけの人が反対するでしょう。

「南の島で釣りをしながらブラブラして暮らす」と言ったら、頭がおかしくなったのかと思われるかもしれません。

好きなことをしようと思ったら、人に迷惑をかけて、嫌われる覚悟がいります。

安定を手放すとか、収入をなくすとか、築いてきた地位や立場を捨てるとか、とにかく一番恐ろしくて、絶対それだけはあり得ない、というところに飛び込まないと、好きなことをしては生きていけません。

つまり好きなことをするには一番嫌なことをしなければいけないのです。

でもラクなことというのは、人から嫌われないようにすることです。

人から批判されたり、憎まれたり、無能だと思われたりして、自分の周りに波風がたつのはラクな生き方ではありません。

だから上手に嫌われないことばかり選んで逃げ回っていくのがラクな生き方です。

でもその生き方だと、いつも周りにふり回されてしまうので、自分を見失い、好きなことができません。

あなたがもし「ラクな生き方」ではなく、好きなことをして生きていきたいと思うのなら、「嫌われてもいい」「非難されてもいい」という「他人軸」のハードルを越えないといけないのです。

僕もカウンセリングという仕事に出合って、これで生きていこうと思ったとき、会社員のままではできませんでした。

そこで思い切って、会社という組織、所属、肩書、福利厚生、給料、安定を全部捨てました。

死ぬほど怖かった。

でもそれがあるから今があるわけです。

そして好きなことをやり、言いたいことを言って、やりたいことをやると、世間から批判されたり、僕を非難する人がたくさんあらわれることもわかりました。

それを嫌がっていたら、好きなことは絶対できません。

一番好きなことをやって生きていくためには、一番好きではないことを、勇気を出して一度乗り越えないといけないのだ、と思います。

だから好きなことをやって生きていくのは、きれいごとではなくて、相当な覚悟が必要です。

**みんな「好きなことをして生きていきたい」と思うのに、それができないのは、目の前の「嫌われる」という一番大きな問題が乗り越えられないからです。**

その手前で「これでいいや」と言って、我慢して生きているからです。

好きなことをして生きていくのは、ラクをして生きることではありません。

勇気を出して嫌なこと、怖いことを引き受けて生きていくことです。

## ＊豊かさを受け取ると、〝ウンコ〟もやってくる

好きなことをすると、批判や非難や不安定さもやってきます。

もし、嫌なことがやってきたら、好きなことをする豊かさを受け取るための代償だと思えばいい。

僕たちは人から嫌われないように、批判されないように、なるべく自分を閉じて生きています。

窓を閉じれば、虫は入ってきません。

でもさわやかな風も入ってこない。

さわやかな風に当たるためには、窓を開けて、虫が入ってくるのも覚悟しないといけないのです。

この虫が何かといえば、「好きなことばかりしやがって」という批判や非難です。

お金持ちが人の妬みや批判を覚悟しないと、お金持ちでいられないのと同じで、好きなことをして生きていこうと思ったら、「嫌な虫も来い！」という覚悟と勇気が必要です。

逆に言えば、そうやって覚悟を決めて、自分という窓をオープンにしたからこそ、いいものもいっぱい入ってくるわけです。

いいものも入ってくるけれど、悪いものも入ってくる。

開いた分だけ、いろいろなものがいっぱい入ってくるというわけです。

汚いたとえですが、ちょうど〝ウンコ〟だと思えばいい。

おいしいフランス料理をたくさん食べたら、〝ウンコ〟がたくさん出ます。

〝ウンコ〟がしたくなかったら、おいしいフランス料理を食べなければいい。

それだけの話です。

いっぱいたたかれたということは、いっぱい好きなことをして、いっぱい豊かさを受け取ったという証拠。

〝ウンコ〟はなくてはならないものなのです。


だからといって、〝ウンコ〟を床の間《とこのま》に飾っておけ、と言っているわけではありませんよ。

〝ウンコ〟は〝ウンコ〟の置き場所に置いて、蓋《ふた》をしておけばいい。

そしてときどきのぞいて確認すればいいのです。

好きなことをして生きていくためには、臭《くさ》い〝ウンコ〟も来い！という勇気と覚悟を持ってください。


でも大丈夫！

〝ウンコ〟は臭いけれど、それがあったからといって死にはしません。

臭いな、と思ったら、横によけて蓋をしておけばいいんです。そのうち、〝肥やし〟になります。

## ＊「もしそうなったら」はそうなったとき考えよう

でも、本当に好きなことだけしていたら、生きていけるのでしょうか？
そんなことをしたら、収入がなくなってしまうのでは？
生活していけるのか？
お金がなくなって、ホームレスになったらどうしよう？
みんなからバカにされて、誰も相手にしてくれなくなったらどうしよう？
たくさんの「もしそうなったら」が浮かんできます。
でも、今、あなたはそうなっていませんよね？
まだそうなっていないのに、なぜ未来のことを心配するんでしょうか？

もしそうなったら、そうなったときに考えてみませんか（怖いね）。

まだ怒られてもいないのに、「こんなことをしたら絶対怒られる」とやりたいことをひっこめてしまう。

失敗して笑われるのが嫌だから、自分が本当にしたいことを勝手にやめて、自分の気持ちを殺してしまう。

まだ十分お金があるのに、「将来ホームレスになったら困るから」と、好きなことにお金を使わず、せっせと貯金に回して、我慢の生活を送る。

そうなっていない未来を考えて、今を我慢するのは、もったいないですね。

未来のことを考えて準備ばかりしていても、不安や恐怖はなくなりません。

たくさん準備をして、やっと少し安心するだけです。

でもまだ不安は抱えたまま、次の準備を始めるという不安のサイクルから抜け出せません。

一生、準備をしているだけの人生で終わってしまいます。

まだそうなっていないのに、そうなった人の情報ばかり受け取るのは、好きなことをする世界に踏み切るのが怖いから、できない理由を探しているだけです。

動かないと変わりません。

いつまでたっても好きなことができない。

怖くても、踏み切らないと新しい世界は始まらないのです。

未来はうまくいくという前提か、未来はうまくいかないという前提か。

どちらに決めても、いい未来も悪い未来もやってきます。

うまくいくという前提で取り組んでも、うまくいかないことも当然あります。

いい未来が来たら、ラッキーと楽しんで、悪い未来が来たら、そのとき考えればいい。そしていいことも悪いことも受け取って、人生を面白がればいいのです。

## ＊みんなが好きなことをしても社会は成り立っていく

「え〜、でもみんながみんな好きなことだけしかしなくなったら、働く人はいなくなっちゃうんじゃないですか？　社会が成り立たなくなっちゃうんじゃないですか？」

当然、そう思う人もいるでしょう。

でも、本当にそうなんでしょうか？

みんなが好きなことだけしかしなくなったことはありますか？

みんなが働かなくなったことはありますか？　僕もまだ見たことないです。

みんなが好きなことを我慢しているから、ズルい、とつぶしあって、自殺者が多かったり、不満が爆発して、社会に問題が起きるのではありませんか？

みんなが好きなことをして、みんなが自分らしく生きて、みんなが人に迷惑をかけて、「お互いさま」と感謝しあうようになったら、きっと社会はもっと生きやすくなると思うのです。

お互いに我慢しあい、監視しあう社会にするのか、お互い感謝しあい、助けあいながら生きるのか。

それに世の中には働くことが好きな人だってたくさんいます。働きたい人が働けばいい。

僕も、働きたい人です。

働きたいというより、好きなことをやっているのが結果として仕事になっているので、働くことが好きなのです。

好きなことをずっとやっていたいから、ずっと働き続けます。

働きたいことが好きな人が働けば、世の中は回っていく、と僕は思います。

「もし回らなかったらどうするのか」ですって？

だから〜〜〜！　もしそうなったら、そうなったとき考えましょうよ。

まだなっていないのに、そうなったときのことを考えて、今、あなたが好きなことをやめても、残念ながら社会には何の影響もありませんよ。

## ＊家族や会社に対する責任はとれない

「でも、自分だけ好きなことをするなんて、無責任ですよ。一家の大黒柱のお父さんがいきなり脱サラしたり農業をやりたいとか言いだしたら、家族はどうする

んですか？　会社に対してだって、責任がありますよ」

たしかに。

責任があると思うから、多くの働く人たちは仕事がつらくても会社をやめない。家族のために、会社のために我慢して働き続けるわけです。

でもはっきり言って、責任はとらなくていい。

というか、とれない、と僕は思います。

家族の幸せのためにお父さんは頑張っているわけですが、お父さんが頑張って会社に通い続けることが、家族にとって幸せとは限りません。家族は幸せでもお父さんが不幸なら、そんなの何の意味もない。

どんな人生が幸せかは、家族の一人ひとりが決めること。

お父さんが決めることでも、決められることでもありません。それでお父さんが壊れたら「そんなに頑張らなくてもよかったのに」って言われるんです（笑）。

『ホームレス中学生』（ワニブックス）という本をご存じですか？

お笑い芸人の方が書いた自伝です。

その人が中学生のとき、お父さんが自己破産して一家離散したそうです。お父さんの「解散！」という号令で一家散り散りになりました。

お父さんは「家族」という責任を放棄した無責任な人ということになります。

でも芸人さんはそのおかげで芸人という職業につき、本を書いて莫大《ばくだい》な印税収入を得ることができました。

そのあと印税を使い果たして、また貧乏になったそうですが、彼にとって、何が幸せで何が不幸だったかは、彼にしかわかりません。

経済的に苦しい思いをしたことがネタになって何億という収入を得た。それは幸せだったと思います。

そのあとスッカラカンになったとしても、そのこと自体を笑いに変えてしまう幸せもあるだろうし、自分にはそんなにお金はいらなかったのだと思う幸せもある。

いっぱいもうけて楽しかった！という幸せもあるでしょう。

結局、何が幸せで何が不幸かは、その人自身が決めること。

他人がとやかく論評したり、ましてや責任をとることはできません。

お父さんが会社をやめたおかげで、子どもとお母さんが稼ぐようになるかもしれないし、それで天職に出合うかもしれない。苦労して育ったおかげで、人の痛みがわかる立派な大人に成長するかもしれないのです。

逆に、お父さんが我慢して会社を続けて体や心を壊し、家族が大変な思いをするかもしれないのです。

他人の人生の責任をとるなんて、おこがましい。

まずは自分の人生の責任をとるのが先だと僕は思います。

## ＊好きなことをしてはいけない、という罪悪感を捨てる

今日から好きなことをしよう。

仕事を休んで、南の島に行ってこよう。

でも会社のみんなは頑張って残業までして仕事をしています。

「私だけ、休んじゃっていいのかな。悪いな」

当然、後ろめたさや罪悪感を感じる人もいるでしょう。

好きなことをすると罪悪感を感じてしまう。

罪悪感を感じるということは、自分には「罪」があるということです。みんなが働いているときに自分が遊んでいたら「罪」だと思う。

いったい誰が罪だと教えたのでしょう？

社会？ 学校？ テレビ？ 新聞？

つきつめれば親が教えたのです。

「勉強しないこと」「働かないこと」は「悪い」と親が教えたのです。

悪いこと＝罪です。

親が教えた価値観が僕たちの心の奥底に深く刷り込まれています。

それが僕たちのベースとなり、僕たちを縛るルールになっています。

だから僕たちの判断の基準は、「親がいいと言ったことはいい」「悪いと言ったことは悪い」です。

お父さん、お母さんから教えられた「働か（勉強し）なければ罪である」「働く（勉強する）ことはいいことだ」「働いて（努力して）結果を残すことは素晴らしい＝結果を出さなければあなたの価値はない」という憲法をずっと大事にしながら、生きてきたわけです。

そして社会に出ると、上司＝父親、同僚＝母親の位置づけになって、家庭で起きていたことをそのまま会社に持ち込みます。

お父さん（上司）に反発し、お母さん（同僚）に悪口を聞いてもらいますが、最終的にはお父さん（上司）の言うことを聞いて、結果を出すために頑張ります。

朝起きると、「今日も一日、人に迷惑をかけないよう、期待に応えられるよう、一生懸命働いて頑張ります」と思うわけです。

でもよく考えてください。

もうあなたは大人なのですから、教えを守るか守らないかはあなたが決めていいのです。

親がダメと言おうと、周りの人が嫌な顔をしようと、「それは困る」と言われようと、あなたが本当にやりたいのなら、やっていい。

親のためにやめなくてもいいのです。


誰かの同意などいりません。

自分の同意があればいい。

誰かの許可もいりません。

自分が許可すればいいんです。

今まで「ダメダメ」と思っていたものを、「いいよね」「いいよね」と言いながら、自分をゆるめていけばいいのです。


そして「なぜそんなことをしたいの？」と聞かれたら、「何となく」「そうしたいから」と言いましょう。

それで十分です。

だってあなたの人生なんですから。

自分で選んで自由に生きていいのです。

罪なんてどこにもありません。

罪だと決めている自分がいるだけです。

## ＊罪悪感を捨てれば、嫌味な上司がいなくなる

罪悪感には妄想も関係します。

「私がもし会社を休んだら、みんなに迷惑をかけるんじゃないかな。きっと上司にネチネチ嫌味を言われて、すごく嫌な気分になるだろう」

そう思うのは妄想の世界です。

実際には「ない」ものを「ある」と思ってしまうのが妄想です。

妄想はあなたの心の中にしかありません。

心の中にしかないのだから、実際にはありません。

その証拠に、上司に「休みます」と言ったら、「ああ、いいよ」と簡単に許可

してくれるかもしれません。

同僚が「いいなあ」とうらやましがって、「私も休む」と言いだすかもしれません。だったら、快く受け入れられますよね。

あなたが休んでも、あなたが思うほど仕事には支障がなくて、休んだことさえ気づかれないのかもしれません。

それなのに、「上司にネチネチ嫌味を言われる」「私は嫌われる」「会社にいられなくなる」「クビを切られるかもしれない」「私は頑張ってるのにズルいと思われてしまう」と妄想がどんどん広がって、現実をまき込んでしまいます。

本当は休みたかったのに、「休みたい」と言えない現実を作ってしまうのです。

自分の心の中の妄想が、自分の本当にやりたいことを現実の世界でつぶしてしまうのです。

その妄想がどこから来るのかというと、「思い込み」から来る罪悪感からです。

「休むと迷惑をかける」「頑張って働かないと嫌われる」という思い込みから来る罪悪感があるから、上司が言うひと言ひと言が、自分を責めたり、非難したり、嫌味を言っているように聞こえてしまうのです。

本当は責めているのは自分です。

ネチネチ嫌味を言っているのは自分です。

でも罪悪感が、「上司は嫌味を言うはず」「上司は私を責めるに違いない」という妄想を作りあげ、そういう上司を実際に生んでしまいます。

罪悪感がある人は、この罪悪感を何とかしない限り、ずっと罪悪感の作り出す妄想につきまとわれることになります。

妄想が現実をまき込んでいく。

「会社の人に悪いな」と思うから、一生懸命働くのですが、働いても上司はネチネチ嫌味を言います。

それは嫌味を言う上司が悪いのではなく、嫌味を言われる人が、上司の言葉を

「嫌味」として受け取り続けるからです（実際は嫌味ではなかったりする）。

好きなことをして生きている人は罪悪感も妄想もありません。

もし上司が本当に嫌味を言っても、「なんか言ってるな。ふ〜ん」ぐらいにしか受け取れないので、嫌味には聞こえません。

つまり嫌味な上司は存在しないも同然なのです。

でも罪悪感を持つ人は「ああ、休みたい。でも休めない。この嫌味な上司がいる限り、休みは無理だ」と思います。嫌味を言ってくれないと困るのです。

本当は自分の罪悪感が休まないことを選ばせているのに、〝嫌味な上司〟のせいにして、「この上司を何とかしてよ」と思うのです。

罪悪感がある人は、自分が休むためには、もっと働いて罪悪感をなくそうとします。「これだけやったんだから、文句ないでしょ！」とばかりに。

順番が逆です。

まずは自分の心の中の罪悪感を何とかする。

何とかしないことには、結果を出していても上司はずっと嫌味を言い続けます。

もし自分の中の罪悪感を捨てて、さっさと南の島に行けるようになると、なんと上司の嫌味が減るのです。

これは嫌味を言われても自分が気がつかなくなることもありますが、もうひとつ、本当に嫌味が減ってきます。現実があり得ない変化を見せるのです。

驚くべきは、嫌味な上司そのものがいなくなることさえあるのです。

ある日会社に来てみると、人事異動の辞令が出ていて、本当に上司が自分の目の前からいなくなっている。

僕は実際に考え方を変えると人がいなくなる、というミラクルを何度も目撃しています。
本当に不思議です。
そんなミラクルが起きる。

自分の心の中の世界を変えることが先です。
罪悪感を捨てるのが先。
すると妄想がなくなって、嫌な人間が本当にいなくなる。
この仕組みに早く気づいてほしいと思います。

## ＊手段と目的を間違ってはいけない

罪悪感を捨てて、好きなことをして生きていこう。
そう思うためには、一度自分に向かって、何三昧《ざんまい》で生きていきたいか、聞いてみるのもいいでしょう。

「そんなの無理」と言う前に、「ああ、こんなことがしたいな」ということを片っぱしから思い浮かべ、口に出して言ってみるのです。

僕が何三昧がしたかったのかというと、本三昧、マンガ三昧、音楽三昧、ゴロゴロ三昧、おいしいもの三昧です。

頑張って働いていたサラリーマン時代は、何ひとつかないませんでしたが、今は全部かなっています。

かなえるために何をしたのかというと、好きなことをするために頑張ったのではなく、好きなことをするために「頑張るのをやめた」のです。

ふつうは逆だと思います。

一生懸命働いて資金をためてから、好きなことをしようとする。

そうすると、お金はいつまでたっても集まりません。

「まだまだ足りない」「もっともっと」「さらに」と頑張るからです。

そうではなくて、「好きなことをする」と決めたなら、まず初めに好きなことを始める。嫌なことをやめる。そうすれば、不思議なことに、お金が入ってきます。

働いてお金を稼げば遊べるのではなく、遊ぶからお金が入ってくる。

さっきの嫌味な上司の話も同じですね。なかなか信じてもらえないのですが……。

嫌味な上司を何とかするのではなく、自分の心の中の罪悪感を何とかする。すると嫌味な上司がいなくなってしまいます。

逆なのだというこの仕組みに気づいてください。

僕が言っているのは、豊かになる（報われる）ための方法ではありません。

僕たちはもうすでに報われている。

報われているのだ、と自分の心の中の世界を変えてみる。

もう報われているのだから、報われるかどうかを気にせずに、好きなことをやるという覚悟をした人だけがずっと報われ続けます。

僕たちがよく陥る罠は、手段と目的を間違えてしまうことです。家族を幸せにしたいから働いているのに、いつの間にか働くことに一生懸命になりすぎて、家族を犠牲にしてしまう。手段と目的を間違えて、手段ばかりに一生懸命になるあまり、本当の目的を忘れてしまわないようにしてください。

## *自分のことを信用する

僕たちは頑張っている人、結果を残している人＝素晴らしい、頑張っていない人＝ダメ、というレッテルをはってしまいます。

僕に言わせれば、頑張っていない人が有能です。

なぜなら、頑張らずに他人を信用する、その力が半端ではないからです。

逆に言うと、「自分が、自分が」と頑張る人は、他人を信用していないことになります。

「他人に迷惑をかけられないから、私が頑張ります」と言います。

それは「私は他人を信用していません」というのと同じことです。私が迷惑をかけるとあの人は私を嫌う、責めると思っているのです。

もっと言えば「私は他人の優しさを信用していません」ということです。

他人が信じられないから、自分一人で頑張ろうと思うのです。

他人を信用していない人は、自分しか信じないように見えますが、本当は自分のことを一番信用していません。

なぜなら、自分は努力して頑張らないと、他人から認められない人なんだ、見捨てられる人なんだと思っているからです。ありのままの自分を信じられない。

つまり、自分は努力しなくても、頑張らなくても、成果を上げなくても、愛される人間なのだということを、自分が信じていない。

成果を上げて、頑張って、人の役に立って、価値を作るからこそ愛されるということを信じています。

なぜそんなことを信じてしまったのでしょう。

頑張らないのは悪いことだ。

頑張らないあなたはいけない子だ。

頑張ったらほめてもらえる。よくできると愛される。

そうでない自分は認められない……。子どもの頃から、そういう体験を重ねてきた。

だから、できない自分を信用して、認めることができません。

自分がずっと信じてきたこの価値観をどこかで捨てないといけないのです。

そしてあなたは頑張らないでブラブラと好きなことをしているほうが愛される。わがまま放題で、「あれは嫌。これをやりたい」と好き勝手をしているほうが、みんなが支えてくれて、評価されるのだということを早く信用してほしいのです。

「でもそんなこと信用できませんよ。だって、好き勝手をやって、みんなから総スカンをくった人を知っていますから」

好き放題をすると、みんなから嫌われるという情報を集めてきては、「やっぱりそうでしょ」と、自分が好きに生きなくてもすむ理由を見つけてくるのです。

でも、本当にその人は総スカンをくったのでしょうか?

あなたはそう思っているでしょうが、本人に聞いてみると、「私はもう好き勝手をやらせてもらったけれど、みんなに許してもらって、感謝してる」と言うかもしれません。

好きなことをして生きている人は、意外に周りを気にしていないので、「みんな、私を応援してくれている」と平気で言ってしまうものです。

周りの人も、全部が全部その人を嫌っているわけではありません。

「自由に生きていてうらやましい」と言う人もいるでしょう。何より本人は幸せなのです。

だから、自分は好きなことをして生きてもいい。好き勝手をして、わがまま放題ふるまっても、大変なことは起きないということを信じてほしいのです。

一〇〇%信じることが無理でも、「信じてみようかな」と思うだけでいい。

思い始めたら、あとから次々と証拠が集まってきます。

今日は一日何も仕事をしない日、と決めて、会社を飛び出し、カフェでブラブラ時間をつぶしたり、映画を見に行き、夕方会社に戻ったら、「今日も一日ありがとな」と上司に声をかけられたり、ペンディングになっていた契約が決まっていたりします。

自分は会社をさぼって、一日好きなことをしてすごしていたのに、「えっ、どうして？」という出来事がいっぱい降ってくるのです。

## ＊今信じていることをやめて、信じられないことを信じてみる

僕がここでお話しさせていただいたことを「でもまだ信じられない」という人は、「別のこと」を信じているからです。

何も信じられないのではなくて、「別のこと」を信じている。

何を信じているのかというと、「自分は好きなことを我慢して、一生懸命働かなければ価値を認めてもらえない」ということを信じているのです。

なぜそんなことを信じているのかというと、親に言われたからです。

親はなぜそんなことを言ったのかというと、その親から言われたからです。

その親は、またその親から……。

お金持ちの家の人たちは、代々「おまえは素晴らしい」「おまえは頑張らなくても、お金はあるから大丈夫だ」と言い続けています。

だからお金持ちになったのです。

だからお金持ちで居続けるのです。頑張らなくてもお金は手に入る、と信じていて、その通りになっているだけなのです。

ふつうの家の人たちは「頑張らないとダメだ」「結果を出さないと認めてもらえない」「ラクしていてはもうからない」と子どもたちに言い続けて育てます。

だからお金持ちになれません。

ずっとふつうのままです。なれたとしても、苦労が続きます。

一子相伝と言いますね。

「おまえは素晴らしいからそのままでいい」と育てるのか、「おまえは何の取り柄もないから、頑張るしかない」と育てるのか。前提の違いです。

「頑張らないと認めてもらえない」と信じるのか、「頑張らなくても認めてもらえる」と信じるのか。大前提の違いで真逆の人生になります。

もしあなたが「頑張らないと認めてもらえない」と信じているのなら、今信じていることをやめて、自分にとって受け入れられないことのほうを信じることにすればいい。大前提を真逆に入れ替えるのです。

そうすれば、現実が動きだします。

僕にも経験があります。

カウンセラーとして活動し始めた頃、仕事で大阪のホテルに泊まったことがあります。

仕事を終えて誰かを誘ってご飯を食べに行こうと思って、携帯を眺めたのですが、自分には気軽に誘える知人があまりいないことに気がつきました。

「あれ、もしかして自分はすごく魅力がなくて、人気がなくて、友達が少なくて、つまらなくて、どうしようもない人間なのかもしれない」と、突然自己否定モードに入ってしまったのです。

もうやけになって、このまま行けるところまで自己否定してやろう。

そう思って、部屋の電気を全部消して、ふとんをかぶって、自分の過去のことをふり返ってみました。

僕はあんなこともできない。

こんなこともできない。

あんなことをしてしまった。
こんなこともしてしまった。

もう過去に自分がやってきたこと、やれなかったことをいちいち思い出しては「ああ、なんて最低の人間なんだ。もうあかん。俺は生きている価値がないんや」と一度死ぬほど落ち込んでみたのです。

でもずっと落ち込んで、自分のダメなところをあげていったら、五分以上は無理でした。

もっとひどいことがあるはずだ、と思い出そうとしても、五分でネタは尽きてしまったのです。

そして逆に「あんなことができた」「こんなことをして喜ばれた」「あの人がいてくれて助けてくれた」と、自分に「ある」ものが浮かんできました。

それをずっと数えていったら、自分は大したことがないと思っていたけれど、案外すごいんじゃないか、と思え始めてきたのです。

そして「よっしゃ、わかった。もう人から傲慢と言われようと、バカと言われようと、何を言われてもええわ。今日から自分はすごい人、ということにするわ」と思ったとたん、「そうですよ。その通りですよ」という出来事が次々とやってきたのです。

## ＊一階から三六階に突き抜ける生き方

あなたも自分を信じてみればいい。

信じようとすると、それを後押ししてくれる出来事が必ずやってきます。

「心屋の言うことを信用してみようかな」

「でも無理だな」

「信用してみようかな」

「でも無理だな」

「でも信用してみよう。あれ？」

と思うようなことが起きます。


最初は小さすぎて見逃してしまうこともあるかもしれません。

でも信じようと続けていると、「今までの考え方は間違っていましたよ」と気づかされる出来事がやってきます。

それがどんどんエスカレートして、数日間会社をさぼったのにボーナスが上がるとか、わがまま放題を言ったのに、それがみんな通るとか、自分のセオリーからまったくはずれた不意打ちのようなあり得ないことが起きてきます。


心屋塾の受講生の多くがこれを体験しています。

僕たちの間では「心屋マジック」と呼んでいるミラクルです。

マジックですから、自分の想定内では絶対にあり得ないような出来事がバサバサと起きてくる。

人生は優しくて、人も優しくて、社会も優しくて、もっと人も自分も信用していいんだよ、という出来事がどんどん起きて、溺れそうになります。

「えっ、いったい何が起きているの？　恵まれすぎていて、私、もう受け取れない」と思うくらい、すごいことが起きてくるのです。

ちょうどこんな感じです。

世の中には好きなことを我慢して、頑張って働かなければ存在価値がない、と思っているたくさんの群衆がいます。

その中から「自分は好きなことだけして生きていっても、認められる人間なんだ」と信じられた人は、群衆をパッと抜け出して、上空まで飛ぶことができます。

抜け出すと、今まで平地から見ていたのとはまったく違う景色が見えるのです。

まるで一階からいきなり三六階の高層階に移動した感じです。

三六階に上がると、同じように三六階に上がった人間たちと出会えます。

そういう人が「こっちにおいで」と呼んでくれます。

成功した人同士、幸せな人同士、仲がよくて、助けあい、分かちあうのは、同じ三六階にいて、同じ景色を眺めている仲間だからです。

あなたが貯金を全部はたいて南の島に行く。

一階から三六階に上がってみるのです。

何が起きるか。

ここからは僕の想像の世界です。でも絶対起きないと誰も言い切れません。

仕事をしょっちゅう休んで南の島に行っているあなたは、南の島が好きな人と出会います。

南の島が好きで、一人で来ているお金持ちのセレブです。

実際、僕が一人で行った南の島には、そんなセレブたちがいっぱい来ていました。

そういうところに行くと、南の島が好きな人同士なので、話がはずみます。仲がよくなって、今度はその人の招待で別の南の島に旅行ができたり、最終的には結婚して玉の輿《こし》に乗れる可能性だってあるのです。

「そんなうまい話、ありませんよ」

とあなたは鼻で笑うかもしれませんね。

でも未来のことは誰にもわかりません。

好きなことをして生きると、みんなから見捨てられて、ホームレスになってしまうのか、好きなことをして生きると、セレブと結婚して幸せになれるのか。

どうせわからないのなら、暗い未来より明るい未来を信じたほうがいいことが起きる気がしませんか？

## 第3章のまとめ

●好きなことをして生きるためには、「一番嫌なこと」をする必要がある。「好きなこと」と「ラクなこと」は違う。

●豊かさを受け取るには、批判や非難や嫉妬を受け入れる覚悟が必要。

●いいことも悪いことも受け取って人生を味わう。

●みんなが好きなことをして生きても社会は成り立っていく。

●家族や会社に対する「責任」のために我慢していても、幸せにはなれない。

●多くの人は、大人になっても親に教えられた価値観に縛られている。でも、自分がやりたいことをするのに、親に教えられた罪悪感を持つ必要はない。誰かの同意もいらない。

●自分の心の中を変えると、嫌味な上司がいなくなるなど、現実に変化が起きる。

●資金をためてから好きなことをするのではなく、初めに好きなことをする。

●自分は好きに生きても嫌われないと信じるとそうなる。

第4章

# 好きなことをして生きるコツ

## ＊そこそこだと思っていると、そこそこの結果しか来ない

好きなことをして生きるコツは、自分は「実は」すごい人間だと思い切ることです。
そうすれば、すごい自分は好きなことをしていい、と自分を許せるようになります。

僕は長い間、自分はすごくない、そこそこの人間だと思ってきました。
人より優れた才能も、徳も、魅力もない。
そこそこの人生を送るんだろうな、と思ってきました。
でもあるとき気がついたのです。
自分のことをどんな人間だと思っているのかによって、自分が変わるということに。

僕はそれまで自分がそこそこの人間だと思っていたので、そこそこの人生しか送れませんでした（そんなことさえ気づいていなかったのですが）。

そこそこしか好きなことができなかったのです。

そこそこだと思っているので、頑張った分ぐらいはそこそこの実績は上がります。


当時、僕は少しずつ本を出し始めていました。

僕は自分のことを「そこそこ」だと思ってきたので、僕の本は「そこそこ」売れるし、「そこそこ」収入も上がりました。

でも見事なほど、「そこそこ」で止まってしまうのです。

上を見ればきりがないほど、本が売れている人がたくさんいます。

下を見れば、僕より売れていない人もたくさんいる。

僕はあんなにすごい売れっ子ではないけれど、あんなにひどく売れない人でもない。

一番傷つかないそこそこの場所で、一番安全だけれど、さほど楽しくもない、中途半端な道を歩いていたわけです。

でもあるとき、僕は自分のことを「そこそこ」だと思っていることに気がついて、「自分はすごいんだ」と思う「ことにしました」。

するとそう気がついたあたりから、何もしていないのに一気に本が売れだしたのです。

これには本当にびっくりしました。

今までは自分はそこそこだと思っていたので、本を売るための努力をいっぱいしてきました。

キャンペーンをしたり、書店に行ったりして、一生懸命頑張ると、頑張った分くらいは本が売れます。

頑張るのをやめると、また売上が落ちるので、頑張るのをやめられなくて、ずっと頑張っていました。

でもすごい人間は最初から頑張りません。

なぜならすごい人だから。その〝必要〟がないのですから。

すごいから〝すごいと言われそうな結果〟を残すことさえ必要がないのだから。

そこに気がついたので、「自分はすごいんだから、もう本を売る努力はやめよう」と思うことにしたのです。

そして僕が本を売る努力をやめると、今度は出版社の営業の人が頑張ってくれるようになりました。

今までは「一緒に売りましょう」とか「キャンペーン、頑張ってくださいね」と言っていたのに、「あとは私たちが売りますから」「任せてください」と言ってくれるようになりました。

そして実際、ものすごく頑張って売ってくれるようになったのです。

気がつくと、僕の本はあっという間にベストセラーになっていました。

## *才能、徳、魅力を持っていることにしてみよう

自分のことを大したことがない、そこそこだと思っていると、そこそこの結果しか来ません。

そこそこだと思っている人に、すごい結果が来ると、そこそこだと決めている自分の中で「ふさわしくない」という葛藤が生じるので、わざわざその結果が続かないようにします。自分はすごくないんだと自分で天井を決めていたのです。

でも自分を「すごい」と思って、そういうことにしておくと、周りがそれに合わせて動きだします。

すごい人だから本が売れる。
すごい人だから人が集まる。
すごい人だからお金が入る。
すごい人だから媚《こ》びなくても、人が認めてくれる。
すごい人だから好きなことをして生きていっていい。

「自分はそこそこ」から「自分はすごい」と、自分という人間の前提を変えるだけ。それだけで、現実が変わり始めます。

「自分はダメだ」と思っている人に「すごい」ことは起きません。起きても気づきません。

「何の才能もない。取り柄もない。魅力もない」と自分を卑下《ひげ》している人間に、人が、すごい仕事を持ってきたり、すごいチャンスをあげようともしませんし、たまにされても拒否してしまう。

でも「自分はすごい」「自分には才能も、徳も、魅力もある」と思っていれば、それにふさわしい出来事や結果が起こり始め、自分でも、自分は本当にすごいんだ、という気になってきます。

それに自分で自分のことを「すごい」と認めてしまうと、人に「どうです？すごいでしょう？」と虚勢をはる必要がなくなります。

なぜなら、人がどう思おうと、自分はすごいのですから、人の見方や評価など気にならなくなるからです。

好きなことをして生きている人は、自分のことをすごいとも、すごくないとも思っていません。

それは人の見方を気にしていないからです。すると、逆に評価が上がる。

だからまずは自分の心の中の世界、つまり「前提」を変えてみる。

自分はすごい人「ということ」にしてしまうのです。
そして、自分はすごい人間だから、頑張らない。
頑張らなくていい。
人に任せていい。
我慢しない。
好きなことだけしていい。
嫌なことはやめる。

気づいたら、好きなことだけして生きている人になっています。

## ＊最初は頑張らないことを頑張ってもいい

自分はすごい人間だ。
好きなことをして生きてもいい。

でも長年、我慢して、頑張ってきた生き方とまったく逆の方向に考え方を変えるわけですから、最初はすごく勇気がいります。

僕の本を読んだある人が、自分はすごい人間だから、頑張らない生き方をしようと思ったそうです。

でも彼は小さい頃から、歯をくいしばって頑張る優等生の世界で生きてきました。

急に頑張らない生き方をしようとしても、思うようにはできません。

つい頑張ってしまう、いつものクセが出てしまいます。

彼は「頑張らない」を実践するため、車を運転するとき、一車線しかない道路でも、時速四〇キロで走ることにしたそうです。

今まではフルスピードで走るのが、頑張る彼の人生でした。

でも時速四〇キロで走る急がない人生に切り換えようとしたのです。

彼がノロノロ運転で走るので、後ろには車の長い渋滞ができてしまいます。

彼は迷いました。

人に迷惑をかけている。もう少しスピードを出したほうがいいかな。

でも彼はアクセルを踏みたいのをじっとこらえて、ゆっくり走ろうとしたそうです。

頑張らないことを頑張ってやっている。

この話を聞いた僕の知人が「これって間違っていませんか？」と僕に質問しました。

「だって頑張らないことを頑張っていますよね」

「まあ……間違っていません」と僕は答えました。

今までと逆の生き方をしようと思ったら、最初は頑張らないことを頑張ってもいいのです。

自分の心の中の世界を変えて、自分の常識を打ち破るために、「人に迷惑をかけてもいい」「自分の好きに走っていい」ということにチャレンジしているわけです。

過渡期にはそうやって頑張ってチャレンジしなければならない場合もあります。

今まで人に迷惑をかけないよう、人の期待に応えられるよう、フルスピードで生きてきたのですから、人に迷惑をかけてみるという、「極端な」練習をさせてあげればいいのです。

## ＊もっと人に迷惑をかけよう

頑張って人に迷惑をかけることを自分に許可し始めると、今度はそんなことを気にしない自分になっていきます。

つまり迷惑をかけているとか、いないとか、そんなことを考える意識がなくなってしまいます。

考えてみれば、時速四〇キロで走ることが、はたしてみんなの迷惑になるのかどうかは疑問です。

時速六〇キロで走っても、迷惑だと思う人はいるし、四〇キロで走っても、迷惑だと思わない人もいます。

もし自分が四〇キロで走る人に出くわしてしまったら、そんなに急がなくてもいいんだと気づけばいいだけです。

たとえ仕事で急いでいる人がいたとしても、四〇キロで走る車の後ろを何時間もついていかなければいけないことはないでしょう。

小一時間、渋滞にはまったところで、そんなことは長い人生の中で、まばたきにも当たらないほどの一瞬です。

人生はそんなに急がなくてもいいし、走らなくてもいい、そんなに頑張らなくてもいいのです。

日本人の多くは、人に迷惑をかけないよう一生懸命頑張ります。もちろんそれは〝優しさ〟〝思いやり〟かもしれません。日本人の美徳と言われます。

だからこそ世の中の役に立たないと思っている人や、人の世話にならないと生きていけない人や、人に迷惑をかけてしまう人は自分を責めてしまいます。

自分は役に立たない人間だ。

社会に迷惑をかけて生きている。

みんな自分を責めすぎです。

僕たちはもっといい加減で、もっと自分都合で、もっと自分に優しくていい。

自分が人に迷惑をかけるからこそ、人にも優しくできるのです。

でも自分がいつも我慢して、いつも迷惑をかけないよう、キッチリやっていたら、他人が許せなくなります。

人に厳しい人は実は自分にも厳しいのです。

自分で自分を縛っておいて、縛っていることが守れないと自分が許せなくなる。

こんな自分なんて消えていなくなればいいと思ってしまう。

だからもっとゆるめて、もっと人に迷惑をかけて、もっとだらしなくなって、人も自分もみんな許せるようにすればいい。

みんながそうすれば、もっと優しい世の中になるでしょう。

## ＊迷惑をかけないと言っている人が一番迷惑

世の中には好き勝手に生きている人と、好き勝手に生きていない人がいます。好き勝手に生きていない人は、いつも周りの空気を読み、人に迷惑をかけないよう気づかって生きています。

好き勝手に生きていない人はある意味「いい人」と言ってもいいでしょう。

こういう人は、好き勝手に生きている人にふり回される、という法則があります。

時間をきちんと守る人は、守らない人を待たないといけません。

仕事をきちんとする人は、仕事をちゃんとしない人の尻ぬぐいをしなければなりません。

礼儀正しくしている人は、無礼者にふり回されます。

ということは、ふり回されている側の人も好き勝手になればいいのです。すると、ふり回されて迷惑をかけられる人がいなくなります。嫌だ、やりたくない、やって、と言えばいいのです。そして、聞けるときだけ聞けばいいのです。

インドには「ごめんなさい」という言葉がないそうです。

なぜかというと、すべて「お互いさま」だからです。

日本だったら「人に迷惑をかけないように生きていきなさい」と教えます。

でもインドだとこうなります。

あなたは生きているだけで人に迷惑をかけています。

人に迷惑をかけずに生きようなどというのは、実は傲慢なことなのかもしれないのです。

お互いさまなんだから、「ごめんなさい」という言葉よりも「ありがとう」でいいのです。

そのかわりあなたも人に迷惑をかけられても、優しくしてあげればいいですよね。

たしかに人に迷惑をかけないよう、一人で頑張っている人がいると、その人は逆に〝迷惑な人〟になります。

「営業も私がやります。宣伝もやります。販売も私がやります。みなさんに迷惑をかけられませんから」

会社にこんな人がいたらとても迷惑します。

お互いさまでみんなが迷惑をかけあっているから「ありがとう」という感謝が生まれるのです。

誰にも迷惑をかけていない！という人は、実は感謝のない人です。

人は迷惑をかけずに生きていくことなどあり得ない。

人はいつも誰かの世話になって、誰かに助けてもらい、誰かに許してもらって生きています。

これからもいっぱい迷惑をかけて生きていきます。

だから、感謝が生まれるのです。

「私は誰にも迷惑をかけずに一人で生きてきたんです」と言うことほど、傲慢で迷惑な生き方はありません。


それに人に迷惑をかけないということは、周りの人がその人に優しくしたり、活躍したりする機会を奪っていることになります。

他人の能力、他人の優しさを認めないということです。

つまり人に対して「あなたはダメな人」「あなたは役に立たない人」という烙《らく》印《いん》を押してしまって、そんなものはなくても結果として、「あなたは何もできないのね」「役立たずね」と責めたてることになるのです。

これこそ、正真正銘の迷惑な人です。

## ＊迷惑を引き受けると、迷惑はかからない

僕のやっている心屋塾には認定講師の人たちがいっぱいいます。

あちこちでセミナーを開いてくれて、たくさんカウンセリングをしてくれています。

昔、会社員だった頃の僕は迷惑をかけられるのが嫌だったので、部下には「お客さんを怒らせないように」と言っていました。

問題が起きないよう、マニュアルを作って、部下たちを見張っていました。

「ちゃんとやっているか？」

「マニュアルを守っているか？」

いつも監視していなければいけないので、大変でした。

そのとき僕はとても不自由でした。

好きに生きられなかった。

迷惑をかけるな！というルールに縛られていたからです。

でも心屋に認定講師の制度を作ったとき、とても僕一人では見張ることができなかったので、見張ることをやめました（心屋では〝放牧〟と呼んでいます。一応、柵はある〈笑〉）。

すると、講師の人たちも、僕もすごく自由になれたのです。

今、僕は講師の人たちに「お客さんを怒らせてもいいよ」と言っています。

もしお客さんが怒って文句を言ってきたら、かわりに「すみません」と僕があやまるつもりでいます。

迷惑をかけられるのが全然嫌ではなくなったのです。

なぜなら、そのぐらいのことで心屋の看板が汚れても僕の価値は減らないし、そもそものぐらいのことで心屋の看板は汚れないとわかったからです。

すると、まったく迷惑をかけられません。

今も一応はマニュアルのようなものはありますが、「もう好きにしたらええよ」というやり方でやっています。

そのやり方にしたら、講師の人たちの評判がものすごくいいのです。

全部、概念が逆でした。

もちろんトラブルがゼロというわけではありません。

でも、迷惑をかけたとか、かけられたとか、いちいち大騒ぎせず、「まあ、そのうち何か学ぶだろう」とぼーっと傍観していると、見事に物事はおさまっていきます。だって、僕自身もそうやって失敗しながらここまで来たんですもの。

そして「こんな学びがありました」とか「こんなことに気づきました」とか、すごいお土産を持ってきてくれるようになったのです。

お客さんからも喜びの声がどんどん集まります。

迷惑をかけられたと思って、かけられたくなくていろいろ介入するからよけいに迷惑がこじれます。

自分が迷惑をかけることを許すと同時に、人が自分に迷惑をかけることも許せばいい。

そうすれば逆の結果として迷惑をかける人がいなくなって、人も自分ももっと自由に生きられます。

## ＊あやまればいいと思っていると、あやまらなくてすむ

「迷惑をかけてもいいのはわかりました。でもそうやってみんなが自由に生きて、何か起きたとき、誰が責任をとるんですか？」

たしかにビジネスをしていれば、そんな心配が起きるのも当然です。

でも心配ありません。

責任をとるのは二秒ですみます。

「すみません」とあやまってしまえばいい。

怒っている相手にたとえ「一億円払いますから」と言ってみたところで、あやまらなかったとしたら、「金ですまそうとしているのか！」とますます怒りだすだけです。

でも一銭も払わなくても、一年間、毎日「すみません」「すみません」と言い続けたら、相手もいい加減「もういいよ」と許してくれるでしょう（極端な話ですが）。

「すみません」と言う覚悟。

あやまるという一番かっこ悪いことをする覚悟があると、不思議なことに迷惑をかけられることがなくなります。

あやまればいいや、と思ったほうが、あやまらなくてすむのです。

会社で部下がミスをしそうなとき、上司はこう言います。
「いいか、絶対ミスをするなよ。俺に迷惑をかけるんじゃないぞ。おまえがやったことで、俺があやまらなきゃいけなくなるのはまっぴらごめんだ」。もしくは、それをごまかして「もっとお客さんの立場に立って考えるんだ」なんて言うかもしれません。

部下は必ずミスをするでしょう。でも、
「俺があやまりに行ってやるから、やりたいようにやれ。おまえらがあやまりに行くより、俺があやまりに行ったほうが先方は納得するだろう。俺が骨を拾ってやる」

と言ってやると、部下はミスをしません。

あやまるという覚悟を決めればいい。そうすれば、あやまらなければいけないようなことは起きません。

腹をすえて、覚悟を決める。

覚悟を決めれば、それほどひどいことは起きません。

『心配事の9割は起こらない』（枡野俊明著、三笠書房）という本がありました。

好きに生きても、大変なことは起こらない。

もし何か起きたら、あやまればいい。

その覚悟を決めて生きれば、怖いことは起きません。

## ＊「すみません。やってもらえますか？」と声をかけてみる

人にお願いするのが苦手だと、なかなか好きなことができません。

手間をとらせるのは悪いな、と思ったり、私なんかがお願いしたら申し訳ないと思ったり、頑張って自分でやればいいんだと思ったり。

好きなことをやらずにずっと我慢して、一人で頑張ってきたクセが抜けないと、頑張ることはできても、好きなことはできないのです。

でも、世の中には人を助けるのが大好きな人、人の役に立ちたくてうずうずしている人がたくさんいます。あなたもきっと人の役に立つと嬉しいはず。

あなたが誰かにお願いすることは、実は人を助けたくてたまらない人たちの願いをかなえてあげることにもなるのです。

だから遠慮することはありません。

逆ボランティアだと思って、助けたくてたまらない人に助けさせてあげましょう。

「すみません。やってもらえますか？」

と勇気を出して声をかけてみるのです（心の中では「やらせてあげる」ね）。

思いがけないところから、「は～い。やります」と応えてくれる人があらわれます。

僕もたくさんの人に助けてもらっています。

僕が開くイベントや講座やライブのときも、たくさんの人が僕を助けてくれます。

「すみませ～ん。こんなことやりたいんですけど」

先日開いたライブでも、僕は声をかけてみました。しかも、ライブ前日に。

すると、イベント全体をとりしきる人が音響や楽器や舞台のプロを連れてきて、アーティストのコンサートと同じに舞台設営を進めてくれました。

あれ、ほんとにいいんですか？

音楽の業界では素人同然の僕。業界の通例では思いつかないことや、タブーとされていることも、お願いしてみると、プロ仕様のお膳立てが整って、僕は夢をかなえることができたのです。

好きなことをするコツは、「あれもできません」「これもできません」と言ってみることです。

自分の一番弱いところをさらけ出す。

さらけ出せば出すほど、「しょうがないな」と助けてくれる人があらわれます（もちろん、断られることもありますよ！）。

## ＊支えてもらい上手になる

「すみません。どなたか助けてもらえますか？」と素直に言える人は、〝支えてもらい（受け取り）上手〟です。

僕は〝支えてもらい上手〟になったので、好きなことができるようになりました。

でも最初から〝支えてもらい上手〟だったわけではありません。

僕は昔は人から助けてもらったり、支えてもらうのがものすごく苦手でした。

なぜかというと支えてもらうと、返さなくてはいけないと思っていたからです。

何かをもらったら、自分もしてあげなくてはいけない。

優しくしてもらったら、自分も助けてあげなくてはいけない。

もらったものは、ずっと大事にしなくてはいけない。

いちいち返すのが大変で、それが嫌だから、そのうち最初からもらわなければいいやと思うようになってしまいました。

そして「支えてあげようか」という人があらわれても、「いりません」と受け取らないで、一人で頑張ってきたのです。

すると、自分がどんどん窮屈になってきました。ひとりぼっちになっていきました。

自分がお返しをしなければいけないと思っているので、自分が人に何かしてあげたときもいちいちお返しが気になります。

「こんなにしてあげたのに、なんで返してくれないんだ」

「これだけのことをしたんだから、これだけのことは返してほしい」

いちいち価値をはかったり、見返りを計算したり。

誰を助けることもせず、誰からも助けてもらわずに、ひとりぼっちで、ケチで、偏屈な人間になってしまったのです。


でも、それでは寂《さび》しいと思いました。

僕も本当は人を支えたかった。役に立てると嬉しいから。

そして人から支えてもらいたかった。

だから、何かしてくれる人がいるなら、ありがたく受け取って、お返しは気にしないでおこうと決めました。

最初は心がザワザワしましたが、そこはぐっと我慢しました。

多分、僕を助けようと手をさしのべてくれている人は、僕から見返りを求めているわけではないと思うのです。

喜んで、僕を支えてくれようとしている。

それを拒否したり、いちいちお返しをしたりすれば、相手の人を傷つけることになります。

「手を貸しましょうか？」と言ったのに、「いや、いいです」と言われたら、きっと相手は悲しいでしょう。

でも、僕が支えを受け取れば、手をさしのべてくれた人は嬉しいでしょう。

僕が支えてもらうことは、「助けてあげましょうか？」と言った人を喜ばせることでもあるのです。

僕が喜ぶことが最高のお返し。

そう考えたら、ザワザワしていた心も落ち着きました。

そしてだんだん〝支えられ上手〟になっていきました。

今はこう考えています。

支えてもらったり、支えてあげたり。支える人と支えられる人が入れ替わったりして、一緒に楽しむことができれば最高だなあと。

与える楽しみと受け取る楽しみを両方味わえる人になる。

そうすれば人に支えてもらって、支えてあげて、好きなことができるようになります。

## ＊上司に「休みます」と言ってみる

好きなことをやるには、「好きなことをやります」と宣言してしまうのが一番ラクです。

宣言する勇気がない人は最初は〝小さな好きなこと宣言〟でいいと思います。

たとえば、上司に「休みます」と言ってみる。

「今休むのか！」と嫌味を言われたら、「あなたも休めばいいんじゃありませんか」と冗談で言い返してもいいと思います。

冗談が通じなさそうな上司なら「すみません」と言えばいい。

何を言われても「すみません」「すみません」「すみません」と言い続ける。途中で「すんまそん」なんて、かんだふりをしてみるのも面白いでしょう。

「休みますなんて、そんなこと、口がさけても言えません！」と抵抗する人もいるでしょう。

僕の養成講座に通っていたある女性もそうでした。

彼女は会社の中で重要な仕事を任されていて、自分がいないと会社は回らないと思っていました。

でも頑張って会社に行くうちに、耳鳴りで頭が割れそうに痛くなってしまいました。

彼女は責任感の強い人だったので、しばらくは我慢して会社に通っていましたが、とうとう通いきれなくなって、あるとき鬼の形相《ぎょうそう》で上司に「私、体調が悪いのでしばらく会社を休んでいいですか」と言ってみたのです。

すると上司はあっさりと「いいよ」と許してくれました。

「えっ、いいんですか？」

「うん、いいよ。体調が悪いんだろ？　ゆっくり休んでおいで」

「ほんとに大丈夫ですか？」

「仕事はあの子に引きついでおいてくれればいいから」

なんとまあ、あっさり休みが許可されたのです。


会社は誰かが休んでも業務に支障がないように人を集めています。だから彼女が休んでもまったく問題はありません。

彼女がいなくても何ら困ることはなかったのです。

休んではいけないと思っていたのは「私がいないと会社が困る」と思っていた「私」だけでした。


そのことに気づいた彼女は「今までの私の頑張りは何だったの？」と、自分の心の中の世界がひっくり返った気分だったそうです。

体調を理由に会社を休んだあと、彼女は思い切って休みの延長を上司に申し出ました。

「体調も回復したので、沖縄に十日間旅行に行きたいんですが」

「ああ、いいよ」

これもすんなり許可されてしまいました（そしてこれは、〝おまえなんかいてもいなくても大して変わりはないんだから〟という嫌味でもないのです〈笑〉）。


行動を変えれば、反応が変わります。

上司に反対されるだろうと思っていても、そう思っている自分がいるだけかもしれません。

とにかくやってみるというアクションを起こせば、悪夢から抜け出せるのです。

## ＊ボリュームいっぱいにして雑音を聞くな

もう一人、僕の周りにかたくなに「休めません！」と言い張る女性がいます。

とても優秀な女性で、仕事で実績も上げています。入社してから十数年、一度も会社をさぼったことがない、というほどの優等生です。

彼女の口癖は「私は認められていない」「私は損している」です。

「上司は適当に仕事をやって、部下の実績を横取りします。私はこんなに頑張って働いているのに、上司だけが認められて、私は評価されていません。許せない！　ズルい上司を見返してやるためにも、もっと頑張って私を認めさせないと」

彼女の中にあるのは、ラクして高い給料をもらっている上司は許せない、という怒りです。

裏返せば、「ラクしてもうけてはいけない。努力せずに評価されてはいけないという思い込み」があります。

この思い込みがある限り、ずっと「私は損している」という状況は続きます。

ここから抜け出すには、「自分はラクしてお金をもらっていい」、と「許可」することです。

あるとき、彼女はちょっとだけ会社をさぼってみました。体調も悪くないのに有休をとって、家でのんびりしていたのです。

ふだんは見たことがない平日の朝のワイドショーを見て、ゆっくりコーヒーを飲みながら、だらだらしていたら、心がすごく癒されたと言っていました。

「それぐらいのことでスッキリする私って、よっぽど疲れてたんだな、と思います。いつも我慢して、肩に力が入っているから、そのくらいの休みでも、ものすごく癒されたんです」

要するに彼女も上司と同じようにラクしたかった。

自分もラクできるようになって、「あなたがラクするのもいいよ」と言えるようになったのです。

上司の一挙一動にいちいち反応したり、腹を立てずにすみます。

彼女は今までずっと自分のことと他人のことを「見張って」きました。

さぼっているんじゃないか。ズルをしているんじゃないか。人の成果を横取りしているんじゃないか……。

ずっと、ずっと見張っているから、「ズルをしてますよ」とか「あんなところでラクをしてますよ」とか「さぼってますよ」という告げ口が聞こえてきます。

そんな雑音はわざわざ聞かなくてもいいのに。

見張っていなければ、そんな雑音はいっさい聞こえてこないのに。

わざわざボリュームいっぱいにして、それだけを聞いていたようなものです。

だからやってみればいいんです。

自分がやりたかったことを。

人がやっていることを。

そうすればスッキリして、「まあ、いいんじゃない？　私もラクするから、そっちもしていいよ」と言えるようになります。

## ＊「いい人」ぶるのをやめて、嫌な人になる

彼女のように十数年間、会社をさぼることさえできない人がきっと死ぬほどたくさんいます。

一生懸命頑張って、「優等生」や「いい人」をやっている人です。「いい人」をやっているのは、親に向かって「いい子」をやっていた名残《なごり》です。

そして頑張って「いい人」をやっている限り、好きなことはできません。

なぜなら、礼儀正しくしながら、人に優しくしながら、お金を節約しながら、人のことを優先しながら、人に嫌われないように生きていこうとすれば、自分のことは一番後回しになるからです。

好きなことを一番に優先しようと思ったら、「いい人」ぶるのをやめることで

す。

「いい人」をやめて、会社を休む、さぼる、仕事をしない。

これを加速させていきます。

「いい人」ぶるのをやめるのですから、お店に入っても店員さんに「ありがとう」と言わない。

近所の人と出会っても、気づかないふりをして挨拶しない。

メールが来ても返信しない。

用事を頼まれても「嫌です」とすぐ断る。

「そんなことをして大丈夫ですか」と言われそうですが、大丈夫です。

あなたが「いい人」ぶるのをやめて嫌な人になっても、大変なことは起きません。

店員さんはちゃんと商品を渡してくれますし、近所の人に挨拶しなくても、

「気づかなかったんだ」としか思われません。

メールに返信しなくても、友達は気にしないし（そんなことで激怒するような友達ならいらないし）、用事を頼まれて「嫌です」と断っても、断られたほうは「じゃあ、ほかの人を探そう」と思うだけです。

「いい人」でなければいけない、と思うのは、あなたがそう思っているからにすぎません。知ってます？　「いい人ぶる」のは「悪い人」なんですよ（笑）。ホントに「いい人」はいい人だからいい人ぶらない、ぶる必要がないのです。

あなたが「いい人」であろうとなかろうと、世の中にどんな変化も起きません。

ただ「あなたの心の中の世の中」が、勝手にザワザワしているだけです。

だからあなたが決めればいい。「いい人」でなくてもいいのだと。

そうすれば、「あなたの心の中」は変わってきて、あなたを取り巻く世界も変わります。

僕もずっと「いい人」をやってきたので、よくわかります。

自分が犠牲になって、我慢して、しっかり、まじめに生きてきたのに、誰も僕を認めてくれませんでした。

こんなに我慢しているのに。

こんなに頑張っているのに。

周りは嫌な人ばかり。

我慢するところを間違っていたのです。

でもあるときから腹をくくって、「いい人」ぶるのをやめました。

好き勝手に生きて、無駄づかいをして、感情的に泣いたり、怒ったり、笑ったりして、ひどいことも言いました。

すると、人から「自由で幸せそうですね」「楽しそうですね」「話を聞いていると役に立ちますね」と言われました。

「いい人」ぶるのをやめたら、業績も上がり、毎日が楽しくなりました。

「いい人」のふりをしていたから、嫌な人が集まってきたのです。

「嫌な人」になることを決めたら、いい人やいいことが周りに集まってくるようになります。

## ＊好きなことを全部やっても罰は当たらない

好きなことをして、仕事はしない。人に迷惑をかける。人に助けてもらう。嫌な人になる……。

そんな生き方をしていたら、罰が当たらないでしょうか？

残念ながら罰は当たりません。

罰が当たらないどころか、ごほうびが来ます。

僕は先日、南の島に行って、やりたいことを全部やってきました。

一日中、プールサイドや海辺でゴロゴロして、本も読んで、音楽のＤＶＤも見て、文章も書いて、ギターも弾きました。

おいしいものを食べて、お酒も飲んで、好き放題して帰ってきました。

日本に戻ってきたら、僕がいない間に本がすごく売れていて、「先生、どんどん重版がかかっています」という、嬉しいごほうびが待っていました。

さらに気がついたことは南の島でやっていたことと、日本でふだんからやってることが大して変わらない、ということでした。

好きなことをしてはいけないと思っている人は、そんなことをするのは罪だと思っています。

罪だから罰が当たると思うのです。

でも罰は当たりません。

自分が好きなことをして、好きなように生きるのは、自分らしく生きるということですから、神様が上から見ていて、自分らしく生きている人に罰を当てるわけがありません。

もし罰が当たるとしたら、それは好きなことをやっていないときです。「あなた、好きなことをやりなさい」という罰がいっぱい当たります。

頑張っても報われない罰。
理不尽なことが起こる罰。
我慢しても認めてもらえない罰。
いい人をやっていても、嫌われる罰。
気をつかっているのにたたかれる罰。

自分がつらいと思うことが罰だとすれば、罰は好きなことをしていないときのほうが当たります。
だから好きなことをやればいい。

そうすれば、ごほうびがどんどん降ってきます。

## ＊妬んでくるような人から好かれてはいけない

好きなように生きれば、ごほうびが来ます。

でもそんな生き方をしていたら、人から妬まれないでしょうか？

たしかに好き勝手に生きている人を見ると、好き勝手に生きていない人はとても妬ましく思います。


なんで、あの人ばっかり。

ズルい。

きっと裏で汚いことをしてるんじゃないの。

最低！

妬みから悪口を言われたり、身に覚えがない中傷を受けることさえあります。

そういう人は無視すればいいのです（なかなかできないけどね）。

自分を妬むような人から好かれるような人になる必要はありません。

これはテレビ番組で一緒になった三石由起子《みついしゆきこ》さんがおっしゃっていたことですが、世の中の半分は立派な人だけれど、あとの半分はくだらない人。

これでバランスがとれているのだそうです。

だから、世の中の半分の人から嫌われるような立派な人になりなさい、と。


もし、くだらない人からも好かれようと思ったら、自分を殺して、好きなことをしないで、目立たないでいるようにしないといけません。

でもそうやって好かれようとしても、妬む人は、どこまでいっても妬みます。

謙虚にふるまっていても、「心の中ではバカにしてるのよね」と言われたり、人に優しくしても「売名行為よ」と言われたり。

どんなに妬まれないように気をつかっても、嫌う人はいるのですから、妬まれないように気をつかうこと自体がエネルギーの無駄です。

でも人から妬まれたり、非難されたり、嫌われると、傷つきますよね。

そんなときはこう考えましょう。

あなたが人から嫌われているのではない。

「嫌っている人にあなたを嫌う理由がある」だけです。

嫌われているのは、嫌われたあなたの問題ではなく、嫌うあの人の中に問題がある。

その問題とは、

自由に生きているあなたがうらやましかった。

あなたに劣等感を感じてしまった。

自分もそうしたかった。なのに、できなかった。
嫌われるのが怖くて我慢している。

みんな相手の問題です。あなたの問題ではありません。
僕はネコが好きですが、ネコが嫌いな人もいます。
でもネコに理由はありません。
嫌う人に嫌う理由があるだけです。

## ＊非難されたら嫌われてしまおう

人があなたを嫌い、あなたを妬ましく思っても、あなたには何の関係もありません。
あなたの中に理由はないからです。反省することも、自分を責める必要もありません。

でも、もしあなたを嫌ったり、妬ましく思う人たちが実際に攻撃をしかけてきたらどうすればいいでしょう。

あなたに攻撃をしかけてくる人たちは、自分のことをいっぱい我慢している人たちです。

あなたが好きなことをやろうとすると「おまえ、ズルいぞ。俺たちのように我慢しろ」と言ってくる人たちです。そしてそれは「現在」のあなたの姿なのです。だからまずあなたが我慢をやめて、たたかれても好きなことをやる。

そういう人たちからは早く嫌われて、早く見捨てられ、早く愛想を尽かされないと、自分もいつまでも彼らと同じ場所にいることになってしまいます。

自分を非難する人から、少しでも早く遠ざかる。避難する、戦わない。

物理的に遠ざかれないときでも、心の中では相手を消してしまう。すると、相手が変化するのです。

相手を消すとは世界中を敵に回したとしても、自分が自分の味方をするということです。

その覚悟をしていると、今まで気づかなかった味方が見えてきます。

どうしても自分を非難する人、攻撃する人に注意がいってしまいますが、その人たちに良く思われようとするのをやめる努力をすれば、実はそんな人たちより、自分のことを認めてくれて、守ってくれて、協力してくれる人のほうが圧倒的に多いことがわかるでしょう。

もしかしたら九九対一くらいの割合で、あなたの味方になる人のほうが多いかもしれません。

誹謗《ひぼう》中傷されることで、自分から去っていく人がいても、そんなことで去っていく人なら、いなくなったほうがいい。

人の悪い噂ばかり信じる人が、友人として周りにいるほうが悪い影響がありま
す。

そんな人から好かれるようになっては危険です。

いなくなってくれて「ありがとう」。

世界中を敵に回しても、自分は自分の味方をする。そうすれば、あなたの味方をしたい人があなたの周りに集まってきます。

## 第4章のまとめ

- 自分を「そこそこ」だと思っていると、「そこそこ」の結果しか来ない。
- 好きなことをして生きている人は、他人の目を気にしていない。
- 人に迷惑をかける、支えてもらい上手になるなどに、あえてチャレンジする。
- 迷惑を「お互いさま」と考えると自分も相手も自由に生きられる。
- あやまる覚悟を決める。
- 自分の弱いところをさらけ出すと、助けてくれる人があらわれる。
- 与えることも与えられることも楽しめると人生は豊かになる。
- 自分を大切にするために、会社を休んでみる。
- 我慢しても認められない、理不尽なことが起こる、気をつかっているのにたたかれる……。
好きなことをしていないときのほうが、
つらいことが起こりやすい。
- 妬んでくるような人からは好かれなくていい。

第5章

# 好きなことがないという人のために

## ＊本当に好きなことって何だろう？

好きなことをして生きていく。

そう言われても、「好きなことがないんです」と困った顔で返してくる人がたくさんいます。

好きなことがわからない。そんな人がけっこう多いのです。


そもそも「好き」とは何か、から考えてみましょう。

「好きなものがない」と言っている人も、本当は好きなものをいつも選んでいるのです。たとえば、今、あなたは椅子に座って本を読んでいます。

その椅子に座ることを選んだのはあなたです。


椅子に座って、あなたの足はどこに置くのか？

飲み物はそばに置くのか？

照明はどうするのか？

そのまま座り続けるのか？

トイレに行くのか？


いくつもの選択肢がある中で、あなたは今自分が一番好き（まし）なものをひとつだけ選んで、ここにいます。

つまり、人はいつもいつも一〇〇％好きなものを選んで生きているのです。

好きなものがない人はいません。誰でも好きなものはちゃんと選んで生きているのです。そうだと認識していないだけで。

「でも、それは本当に好きなものじゃありません。私は本当に好きなことをして生きていきたいんです」

とあなたは言うかもしれません。

「本当」って何でしょう？

「本当に好きなもの」って何でしょう？

ここでちょっと僕の話をしてみます。

佐川急便という運送会社の社員だったとき、僕は車を運転するのが本当に好きでした。車を何台も買い替えて、会社の同僚とは車の話で盛り上がりました。

でも会社をやめてからまっ先に僕がしたのは、車を売ることでした。

最初はお金の節約のためでした。でもそうやって初めて気づいたのです。「自分は実は運転が好きじゃない」と。

なぜかというと、僕は車を運転しているとすぐに眠くなってしまうからです。

本当は車の運転なんて好きじゃなかった。でも知らなかった（笑）。

会社をやめてからそれがわかったのです。

なぜ僕が「車の運転が本当に好きだ」と思っていたのか。それはそれで楽しいことも、メリットもいっぱいあったから。

それに自分が車好きだと、「好きなことを仕事にしているこの私」を言い訳に使うことができます。

本当は仕事がつらいときでも、「僕は車が好きなんだ。好きな車に携《たずさ》われるやりがいのある仕事をしているのだ」と言い聞かせれば、嫌な現実と向きあわないですみます。

僕の「本当に好き」は、「そういうことにしておいたほうが得」だったから。

そのほうが会社員として正しかったから。

「本当に好き」の裏側には「損か得か」「正しいか間違っているか」という理由がはりついていたのです。

わかりやすく言うとこうです。

白米が好きか、玄米が好きかと聞かれて、「玄米」と答える人も多いと思うのですが、その人に理由を聞いてみます。「健康にいいから」とか「栄養価が高いから」とか「血糖値が上がらないから」と答えます。

その理由の裏には「損か得か」「正しいか間違っているか」がはりついています。

だって玄米を食べたほうが栄養的に「得」だから。玄米を食べたほうが健康的には「正しい」から。

でも白米と玄米がまったく同じ栄養価で、同じように健康にいいとすると、それでも「玄米が好き」と答えますか？

おそらく玄米好きの何人かは、白米に乗り換えるのではないかと思います。

状況や立場が変われば、「本当に好き」はコロリと変わってしまいます。

運送会社の社員でなくなったとたん、僕が車を売ってしまったように。

「本当に好き」の「本当」には、実はコロコロ変わるくらいあやふやなものもあるのです（と、二〇一四年の僕は思っていたのですがその後、「本当に好き」な車を購入し、今や「この車を運転するのは超好き！」に変わっています）。

## ＊「本当に好きなもの」には理由がない

でも状況や立場が変わっても、変わらない「好き」もあります。
やっぱり音楽が好き。
やっぱり人といるのが好き。
やっぱりネコが好き。
やっぱりおしゃれが好き。
やっぱり、心のことが好き。
「やっぱり」がつく「好き」に、「損得」や「正しいか間違っているか」の理由はつきません。

僕は音楽が好きですが、音楽が好きの理由に損得も、正しいか間違っているかもありません。音楽が好きで僕が何か得をするわけでもありませんし、音楽好きが正しいわけでもありません。

でもただもう僕は音楽が好きなのです。

僕の解釈では、「本当に」好きなものには理由はありません。

理由はないけれど、やっぱり好き。

「やっぱり」がつくものが本当に好きなものです。

人は「本当に」好きなもののことを考えるとなぜかワクワクしたり、テンションが上がったり、静かに満たされたりします。

なぜかわからないけれど、やっぱり好きで、なぜかわからないけれど、そこにふれているとテンションが上がる。

それが「本当に」好きなものではないかと思うのです。

## ＊世の中には「好きなこと」を言えない人がいる

でも、何を考えてもワクワクしないし、テンションが上がらない。
「やっぱり好き」と言えるものがない人もいます。
「私はこれが好き」と言えない人がいるのです。

なぜ言えないのかというと、それを言うと笑われたり、怒られたり、バカにされたり、軽蔑されたり、お金にならなかったり、かっこ悪いと心の中で思っているからです。

僕は音楽が好きで、昔、ＴＵＢＥのファンクラブにずっと入っていました。でも僕がそんなものに入っているとは、サラリーマン時代はなかなか言えませんでした。

ほかにも、長渕剛さんのファンクラブに入っていたこともあるし、コブクロさんのファンクラブにも入っていますが、何となく気恥ずかしくて。今度は福山雅治さんのファンクラブに入りました（笑）。

今でこそ、堂々と人前で「音楽をやりたい！」と公言していて、そのことで僕が好きな音楽をやれる機会がどんどん広がっているのですが、サラリーマン時代の僕は、恥ずかしくて「音楽をやりたい」とは絶対に言えなかったのです。

それに言ったところで、かなうわけはないと思っていたこともあります。言うと恥をかくし、言ってもかなわない。うまくないし、と。

だからよけいに好きなことについて言わないままでいたのです。

僕のように恥ずかしくて、自分の好きなことを好きだと言ってはいけないと思っている人がたくさんいます。

そういう人は好きなことを人に知られないように、まっ先に隠してしまいます。

本当は肉が一番好きなのに「肉は食べたらあかん」と横によけておいて、「私の好きなものはここにはないわ」と言うのです。

「だって今、あなたがお肉をよけたでしょ？」

「いいえ、よけていません！」

「でもよけましたよ」

あなたは逆切れしてこう言います。

「私はお肉は食べちゃいけないの‼」

「なんでなの？」

「だってお肉を食べたらお腹を壊すし、太るし、病気になるし、ダメって言われたし‼」

食べてはいけない理由をいっぱい並べて、肉をよけたことを正当化します。

そして、一番好きなものを最初によけておきながら、あまりに当然のごとくよけ続けてきた結果、自分がよけているということにさえ気づかなくなり、好きなことがわからなくなってしまうのです。

## ＊「ああ、無理無理」が自分が一番やりたいこと

なぜ好きなことを隠してしまったのかというと、そうやって好きなことはできっこないとあきらめてしまったからです。

どうせ肉が食べられない（とあきらめてしまった）のなら、最初から肉をよけておいて、「肉はない」と言っていたほうが自分が傷つかなくてすみます。「好きなものがない」ほうが、自分は安全でいられます。

肉がなくてもそこそこ生きていけますし、なかったことにすれば、「ほしい」とか「食べたい」とか「食べられなくて悲しい」とか思わないでもすみます。そうやって何年、何十年も生きているうちに、「あれ⁉ 肉って何だっけ？」と、肉そのものの存在を忘れてしまうのです。

あきらめてしまうのは、自分の可能性をまったく信じていないからです。絶対無理、とあきらめているので、「ああ、無理無理」と好きなことを最初によけて、「私には好きなことがない」と文句を言っているわけです。

「あれ、でも今あなたよけましたよね？ それをこっちに持ってくればいいじゃないですか」

「何を言ってるんですか。これはダメなんです。そんなことをやっても実現しませんから。これは絶対無理なんです」

「本当はもっと音楽がやりたかったけど、仕方ないよな。音楽じゃ食えないし、自分には才能がないし」

そんなふうに自己説得に入る人生。

そうやって自分を納得させて、あきらめさせて、よけいなことをしないように、傷つかないように自分をなだめていくのです。で、〝人生は楽しくない〟と。

たしかに安全かもしれません。

でも寂しくないですか。

それが人生なんて。

# ＊腹が立つことは自分がほしくてたまらないこと

好きなものをよけて隠してしまう。

それを忘れてしまうならまだいいのですが、隠したものが大嫌いになってしまう人もいます。

大好きなのに、手に入らないから大嫌いにしてしまった。

大好きなものが大好きすぎて、裏返ってしまった。

その典型が自分の親です。

本当はお父さんが大好きだった。お母さんが大好きだった。親に認めてもらいたくて、一生懸命頑張った。

でも親から受け入れてもらえなかったので、「大嫌い」ということで自分を保つしかなかったのです。

だから大嫌いなもの、許せないもの、腹が立つものの中に、本当は大好きなものが隠れていることがあります。

たとえばあなたの近くに、好きなことをして、ラクしてお金をもうけている人がいたとします。

もし自分が同じ立場なら、すごくワクワクしてテンションが上がるはずです。ワクワクしてテンションが上がることは、好きなことです。

でもあなたは、ラクしてお金をもうけるなんて「いけないこと」「ダメなこと」だと思っています。

だからそういう人を見るとものすごく腹を立てる。

自分がやりたいのにできないから。

本当は自分がそれをやりたいから。

でもできなくて、「頑張ってるのにお金の少ない道」を選ぶのです。

腹が立つというのは、自分はそれがほしくてほしくてたまらないことの裏返しでもあるのです。

実は僕は昔、遅刻をする人にものすごく腹を立てていました。遅刻する人に腹が立つということは、同時に自分が遅刻すると、自分にものすごく腹が立つわけです。

だから遅刻させる原因が他人にあったら、その人に腹を立てていました。

でもあるとき、なぜ自分はこんなに遅刻に腹が立つんだろう?と考えてみたのです。そしてわかったのは、なんと実は自分がすごく時間を守りたくない人だったということです。

僕は自分が駅に着いたとき、ちょうど電車にホームに入ってきてほしいのです。

お店は僕が行く時間に開いていてほしいし、芝居は僕が劇場に着いた時間に始まってほしい。

つまりはすべて自分に合わせて動いてほしい。僕は相手に時間を合わせるのはまっぴらという、〝スーパーわがまま〟だったわけです。

そうか。

僕が好きなことは、時間を気にせず遊ぶこと。

僕が好きなのは、自分がやりたいことをやりたいときに気がすむまでずっとやること。

そして目が覚めるまで寝ていること。

死ぬほどマンガを読み、死ぬほどビデオを見て、死ぬほど音楽三昧で暮らすこと。

ゴロゴロして、何もせずに暮らすこと。

そういうことがしたかったのだということがよくわかりました。

だから、「今日は何の予定もありません」という日はものすごくテンションが上がります。

とんでもないわがままで怠け者です。

でもそれが僕がしたかったことです。

だから時間を守らない人、遅刻をして来る人、遅刻をする自分に異常に腹が立ったのです。


何かに腹が立つというのは、ものすごいプレゼントです。

自分が本当にやりたかったこと、好きなことに気づかせてくれるのですから。

あなたが腹を立てていることを思い出してください。

その中にあなたの「実は大好き」が隠れていませんか？

## ＊親が「いい」と言ったものが好き

自分が好きなことがわからなくなっている人の中には、自分の「好き」を放棄してしまった人がいます。

なぜ放棄してしまったのかというと、親が何でも決めていたからです。

親が好きだと言ったものは好きだと思い、親が嫌いだと言ったものは自分も何となく嫌いになってしまった。

自分は「この靴下がいい」と言ったのに、母親に「そんな変なの、やめときなさい」と言われたとか、「何でも好きなものを食べていいよ」と言われたので、「これがいい」と言ったら、「それより、こっちのほうがおいしいわよ」と言われたり。

「そんなの嫌だ」と言えなくて、うじうじしていたら、「早く決めなさい」と言われたり、「自分の好きなものもわからないの？」と言われたり、「じゃ、これにするわよ。いい？」と言われて、「うん」と言ってしまったり。

どうせ、私は好きなものは選ばせてもらえない。

どうせ、私が選んだものは変なんだ。

私は好きなものを選んではいけないんだ。


そう思い込んで、自分に自信が持てなくなってしまったのです。

そして「どうせ、自分なんて」と思っているので、大人になってから、勇気を出して好きなものを選んでも「えーっ」と言われただけで、もう選ぶのを放棄してしまいます。

自分の気持ちを殺して、人に合わせるか、無難なものを選ぶか、怒られないものを選んでいるうちに、何が好きかがわからなくなってしまったのです。


でも理由がわかれば大丈夫です。

あなたはもう大人なのですから、自分で好きなものを選んでいいのです。

親の許可はいりません。

周りの人に変と言われても、違うと言われても、笑われても、自分が本当は気になっているものを選べばいい。最初はリハビリが必要でしょうけどね。

それが自分の好きなものだから。好きに理由はいりません。

少し勇気はいりますが、堂々と好きと言えばいいのです。

「だって好きなんですから」

## ＊一生お金に困らないとしたら、何がしたい？

「好きなことがわからない」という人も、本当はうすうす気づいているのだと思います。心屋塾に来て本当に好きなことに気づいた人が必ず言う言葉があります。それは「やっぱり」です。

「やっぱり。これだったんですね」

「やっぱり」と言うからには、心のどこかでうすうす知っていたわけです。

知っているけれど、「いやいや、そんなことはない」と打ち消していたのです。

「好きなことがない」という人は、知っていることを打ち消し続けているわけです。

私はこんなことが好きなはずはない。

だって、こんなことが好きだと言ったら、人に笑われるし、食っていけないし、第一、私は決してそれがうまくないし。

そうやって、好きなことがあるのに、一生懸命隠しています。

隠す理由は、自分と他人を信用していないから。

そんなことを言ったら（人から）嫌われる。笑われる。

そんなことは（私には）できるはずがない。うまくいくはずがない。

「人」と「私」が信用できない。

この二つの大きな壁を乗り越えない限り、好きなことを素直に認められません。

大前提は、人はみんな自分の好きなことをちゃんと知っている、ということです。知っているがゆえに必死で隠そうとしています。

そして知っているがゆえに、好きなことをしている人ばかりが目について、厳しい視線で見つめてしまいます。

夢を追いかけてお店をやって、借金をしてつぶしてしまったとか、仕事もせずに音楽活動に打ち込んで、親に迷惑をかけているとか、毎日釣りばかりしてノーテンキに暮らしているけれど、家は貧乏だとか、そういう人たちの情報をわざわざ探し出してきます。

やっぱり夢だけでは生きていけないんだ。

やっぱり好きなことだけやっていてはダメなんだ。

やっぱり好きなことをして生きていくには、ちゃんとした才能が必要なんだ。

できない理由を「やっぱり」と集めてきて、一生懸命自己説得しては「あきらめる能力」を磨いていくのです。

だから自分の好きなことを見つける質問はこうです。

「一生お金に困らないとしたら、誰にも嫌われないとしたら、あなたは何をやりたいですか?」

「ほんとは、小さい頃何がしたかった──ですか?」

やりたいことを好きなだけあげてみます。

南の島でブラブラしたい。

好きなだけ買い物したい。

おいしいものをお腹いっぱい食べたい。

エステに通って、おしゃれ三昧したい。

そのあと、素敵な人と結婚したい。


いいでしょう。全部やりましょうよ。

それがあなたの好きなことです。

それだけを純粋にひたすら追求して生きればいいのです。ダメだと思わずに。

まずは最初にあげた「南の島でブラブラしたい」。

さっそくやってみればいいのです。

もしかしたら「何もしたくない」が出てくるかもしれません。そしたら「何もせずにどうすごしていますか」です。

「ゴロゴロ」なら、それが「したいこと」なのです。

## ＊やりたいこと、それだけを追求すると、あり得ない現実がやってくる

「え～、でも無理ですよ。南の島なんて。会社、休めないし。お金もないし、一緒に行く人だって、見つからないし」

またまたできない理由を見つけてくるいつものクセが出てしまいますね。

南の島に行くなんて、簡単です。

上司にひと言「休みます」と言えばいい。

お金だって、貯金をおろせばいい。なければ親や夫や子どもにもらえばいい。

一緒に行く人がいなくても、一人で行けばいい。僕も先日一人で十日間も南の島に行ってきましたよ。

一人でも、というか一人のほうが楽しいことだってたくさんあります。

まずはやりたいこと、それだけを追求する。

あなたは南の島に行くのです。

そうすれば、人生が変わる一歩が踏みだせます。

なぜなら、自分がまったくやったことがない世界に飛び出していく。そこから世界がくるりと変わっていくからです。

自分にとってあり得ないことをすると、あり得ない現実がやってきます。

想定外のことをやるから、想定外のことが起きるのです。

僕はそういうミラクルをたくさん見ています。

「ほんとですか?」と疑って、やらない人にミラクルは永遠に起きません。

お金ができたらやろうとか、時間ができたらやろうという人にも、ミラクルは起きません。

順番が逆なのです。まずはやってみる。まずは決めてみる。

すると必要なお金や時間が入ってきます。

働いてから遊ぶのではなく、遊ぶとお金が入ってくる。「逆」の現実が動きだす。

そんな感じです。

## ＊まずは小さな「やりたい」から始めてみよう

「え〜、でもやっぱり南の島に行くのはハードルが高いです」という人は、小さなことでも自分がやりたいことを片っぱしからやってみるといいと思います。

小さな一歩ですが、それでも小さな「逆」が動きだします。

「やりたい」を「でも」という損得で消さないで。

たとえばおいしいものを食べたいとしたら、お金が入ったらおいしいものを食べに行くのではなくて、お金が入らなくても、おいしいものを食べに行くのです。

仕事の途中でコーヒーが飲みたくなったら、仕事が終わってから飲みに行くのではなく、「飲みたい」と思ったとき、すぐ飲んでしまいます。

「巨大なやりたい」でなくてもいいのです。

コーヒーを一杯飲みたい。そんな小さな「やりたい」ですら、あなたはじっと我慢してきたのですから。

毎日の生活を小さな「やりたい」「楽しい」「好きなこと」で満たしていくのです。

やりたいことをしてもいい。

好きなことをして生きてもいい。

そんなふうに自分を許してやると、「好きなことをしてはダメだ」というブロックがはずれていきます。

そして「やりたいこと」を優先していくと、小さな「逆」が次々と起きてくるでしょう。

そのミラクルを信じてください。

## ＊やりたいけれどできないのは、やりたくないから

「でもやっぱり、絶対無理なことってありますよ。だって私はもう結婚してるんですから。ブラピとは結婚できないし、ブラピに似た人があらわれても、その人とは結婚できません。物理的に無理なんです」

またまた言い訳のオンパレードですね。

あなたは自分の夢をあきらめるために物理的な障害を目の前に持ってくる達人です。

自分が結婚していて、ブラピとの結婚は無理だという人は、もし何かの事情で夫がいなくなって独身になったとしても、必ず別の理由を持ってくるでしょう。

「私は夫のことが忘れられないので、ほかの人との結婚は考えられません」とか

「英語が話せないので、外国人との結婚は無理です」と言うかもしれません。「それじゃ、英会話スクールに通うお金をあげます」と言っても、「いえ、それは悪いし」「そんなお金をいただく理由はありません」など、いろいろな理由を並べ立てるに決まっています。

動かなくてもすむ物理的な理由をたくさん集めてきて、「こんなに理由があるんですから、やれるわけはないでしょう」と言い訳に使い、「やらない自分」を正当化しているのです。

ブラピ（と似た人）と結婚したいのだけれど、実際には動かない。

なぜなら怖いからです。

なぜ怖いのかというと自分の可能性を信じていないからです。

失敗するのが怖い。失敗が嫌だから、やりたくないのです。

何かに挑戦して失敗し、人から笑われたり、後ろ指をさされたり、文句を言われたり、立場がまずくなったり、そういうイメージがいっぱい頭の中につまっているので、動かないほうが安全なのです。

そして「ああ、私はやりたいことがないの。何かやりたいことはないかしら」とブツブツ文句を言いながら、安全な人生を送って死んでいく。

安全を求めると、「楽しむ」を忘れます。

平凡な人生を送りたいのなら、好きなことは封印して、言い訳ばかり言って生きていくのも、ひとつの生き方ではあります。

僕はその生き方も否定しません。

どんな人生を選ぶかは、あなたが決めることです。

## *「かわいそうな私」でいることがあなたの好きなこと

「好きなことをして生きていけない」「私には無理」と言っている人の中には、

もう「好きなことをして生きている人」がたくさんいます。

だって「好きなことをして生きていけない」「私には無理」と言っている生き方そのものが、その人にとっては「好きな生き方」だからです。

結婚して幸せになりたいのに、できないと嘆いている女性がいます。

結婚したいのなら、誰かを見つけてきて、結婚すればいいのです。

「でも、誰でもいいというわけではありません。私は好きな人と結婚したいんです」

その人は、好きでもない人と結婚するくらいなら、独身でいたい人です。

独身でいて「結婚したい」と嘆いている今のほうが「好き」だから、好きな人生をちゃんと生きているのです。

「とんでもない。独身が好きなんかじゃありません。一人でいるのはすごくつらいです。でも好きな人があらわれないので、仕方なく独身でいるんです」

なるほど。そういう人は「つらい私」「かわいそうな私」でいるのが「好き」なんですね。「かわいそうな私」という好きなことをしている。

あなたは「かわいそうな私」でいる人生を選んでいる。

ちゃんと好きなことをしているではありませんか。

もちろんそういう人でも、本当に好きなことはあるかもしれません。でもここにものすごく大きな罠があります。

つまり本当に好きなことがあっても、それをやろうとするためには、「かわいそうな私」を捨てなければいけません。

それは自分にとって一番のタブーです。

なぜかというと「かわいそうな私」をやっていないと、人は注目してくれない。自分を認めてもらえないと思っているからです。

だから本当は誰かを見つけてきて、幸せになって、好きなことをして暮らしていける生活が待っていても、「いや、私はこれでいい」と「かわいそうな私」にしがみついてしまいます。

だって「かわいそうな私」でいなければ、私の存在価値はなくなってしまうのですから。

この私が幸せになってしまったら、「かわいそうな私」が困るのです。

だからせっかく自分を幸せにしてくれそうな人があらわれても、「あの人は私に合わないわ」「何となくピンと来ない」「ちょっと違うかも」……いろいろな理由をつけて退《しりぞ》けてしまいます。

つまりは不幸を選んでしまう。不幸が好きなのです。

もしあなたがこの罠から抜け出したいなら、あなたがぎゅっと握りしめている「かわいそうな私」を手放さなければなりません。

それはとても怖いことです。

でも勇気を出して思い切って手放したとき、新しい世界が広がります。

## ＊バンジージャンプが怖すぎたら、歩いておりてきてもいい

でも、もしあなたが勇気を出せないのなら、それでもかまいません。どうしても勇気を出せない人もたくさんいます。

以前の僕だったら、「勇気は必要」とか「思い切って飛べば何とかなる」と叱咤激励したでしょう。

でも今の僕はこう言います。

「まあ、勇気を出せないんなら、仕方ないよ。どうしても手放せないなら、それでもいいよ」

なぜこんなふうに変わったのかというと、僕自身の経験があるからです。

あるとき、僕はセミナーの生徒さんたちと一緒にバンジージャンプに挑戦することにしました。

ふだんからみんなに「勇気を出せ」とか「思い切って飛べ」と言っている手前、自分たちもそういうことを経験しなければいけないと思ったからです。

ところが、いざ自分がジャンプ台に立つと、とてもじゃありませんが、怖くて飛べません。

生徒さんたちは次々と飛び下りるのに、僕だけはどうしても飛ぶことができない。

「勇気を出せ」と言っている張本人が飛べないのでは、これほどみっともないことはありません。

何とか飛ぼうと目をつぶってジャンプ台に立つこと三回。

ついに僕は飛び下りることができずに、すごすごとわきの道を歩いておりてきたのです。

最高にカッコ悪かった。

そのとき思いました。

僕にとって、バンジージャンプを飛ぶことも地獄だし、歩いておりてくることも地獄です。

どちらを選んでも地獄。でもどちらかを選ばなければいけません。

選ぶのは自分です。

はたからわあわあ言って、「飛べ」「勇気を出して」とか強制することではありません。


たしかに飛んだほうがかっこいいし、飛ぶ決断ができないことや、勇気を出せなかったことは残念ではありますが、だからといってバンジージャンプが飛べなかった僕は死んでません。

バンジージャンプが飛べずに、歩いておりてきた僕は、ものすごく恥ずかしかったけれど、だからといってそのあと、とんでもないことが起きたわけではありません。

ただ、自分が恥ずかしかっただけです。

だからあなたが怖くてどうしても飛べないのなら、飛ばなくてもいいのです。

飛ばない人生だってある。それがこうやって笑えるネタにもなる。

「どっちでもいいよ。何を選んでも最後は良くなるのだから」

人生をあきらめて生きるとしても、それで安心が得られるのなら、そういう人生を選ぶのも、またその人自身だと思います。

## ＊未来の心配のために、今を犠牲にするな

「好きなことがない」とか「好きなことができない」とぼやく人の中には、先回りして未来に起こることを心配して行動に移せない人がいます。

でも前にも言いましたが、心配事は起きたときに考えればいいのです。

遅刻がそのいい例です。僕もこの間、飛行機に乗り遅れそうになって、ものすごく焦って飛び出したのですが、そういうときに限って飛行機の出発が三十分延びて、空港で時間が余ってしまいました。

あの心配、ハラハラは何だったんだろうと、笑ってしまいました。

だから、未来の心配はそれが起きてから考えればいいのです。

本当に遅刻してしまって、飛行機が出てしまったり、新幹線が行ってしまってから考えればいい。

先日、品川の駅でこんな光景を目撃しました。

品川駅の構内にスターバックスがあります。ちょうど祝日だったせいもあって、店はとても混雑していて、お客さんの列が店の外までズラリとできていました。

時間を短縮するため、店の人が行列しているお客さんに注文を聞きに来ました。

僕の前には若いカップルが並んでいました。

店の人はそのカップルに新幹線の出発時間を聞いて、「その時間ですと、もしかしたら間に合わないかもしれません」と告げました。

でもカップルは並び続けます。

店の人は時間を気にして、何度も「すみません。もしかしたら間に合わないかもしれないので」と言いに来るのですが、そのたびに、カップルの女性のほうが、「え〜、私、嫌だ〜。どうしてもコーヒーが飲みたい」と言うのです。

男性のほうも焦るふうでもなく、女性の言うことを聞いて、そのまま列に並び続けます。

とうとうレジに到達して注文をしたのですが、そこでも「その時間ですと、間に合わないかもしれません」と言われていました。

それでもカップルはちゃんと注文した品が出てくるまで待ち、そして商品を受け取って、明らかに間に合う時間にホームに向かって歩いていきました。

久しぶりに僕はすごいものを見たという気がしました。

僕たちは未来のことを心配しすぎるがゆえに、今やりたいことをやらないですごしてしまいます。

新幹線に乗るために、今コーヒーが飲みたいのを我慢して、ちゃんと新幹線に乗ろうとする。

でも、自分は新幹線に乗れなくてもいいから、コーヒーが飲みたい、というそちらを選ぶと、結果的に両方とも手に入れることができることがあります。

両方とも手に入るなんてラッキー！

未来のために好きなことを我慢しても、未来にそれが手に入るとは限りません。

でも今好きなことをすれば、未来も好きなことが手に入る可能性があります。

その可能性を信じられるかどうかです。

# ＊鉄板焼きは肉から先に食べよう

僕たちはずっと「今」を犠牲にする生き方をしてきました。帰りのタクシー代がなくなるから、このお土産は買わないとか、休みたいのに、怒られるから、はってでも会社に行こうとか、本当は音楽をやりたいけれど、食っていけないからやめておこうとか。

小さなことから大きなことまで、さまざまなことで「今」を犠牲にして生きています。

僕もそうです。いろいろなことを我慢して、やりたいことをセーブしてきました。そして、〝やりたくないこと〟を〝我慢〟してやっていくのです。

その結果、お金がたまって好きなことができるようになると思っていたのですが、おそろしいくらいお金がたまりませんでした。

あれだけ我慢して、倹約したのに、なんでこんなにお金が残らないのか。まったく世界七不思議のひとつに入れてほしいくらいでした。

先のことを考えて、「今」を犠牲にしている限り、思うようにならない現実しかやってきません。

でも僕が会社をやめて、先のことはあまり考えずに好きなことを始めたら、お金に困らない生活になりました。

未来のお金を心配して行動をしていたときのほうが、よほどお金がなかったのです。

「今」を犠牲にして、未来のために生きると、我慢ばかりの人生になります。その生き方だと明日死んだら、意味がありません。

くだらないことかもしれませんが、僕は鉄板焼きを食べに行くと、最初にメインの肉を焼いてもらいます。

鉄板焼きのコースは、最初は前菜から始まって、少しずつ野菜や魚介やいろいろなものが出てきます。

僕はそんなに量を食べないので、それだと、メインの肉のために、手前の料理をセーブしなければいけません。

それは楽しくありません。

ですから最初に肉をどかんと焼いてもらって、肉を堪能してから、ほかの料理に移って食べたいものだけいただく。

つまり将来やりたいものを最初にやってしまう。

そうすれば、明日死ぬとしても後悔せずにすみます。

## ＊今が幸せなら、全部ひっくり返せる

僕らは幸せに過大な期待を持ちすぎています。

僕は講演会でいつも言うのですが、「幸せであっても病気はするし、携帯をなくすし、足の小指をドアにぶつけるし、嫌なことを言われることもあります」と。

幸せは一〇〇点満点完璧で、一点の曇りもない、というものではありません。幸せであっても、評価されないことはあるし、嫌われたり、怒られたりすることもあります。

好きなことをして生きていくのも同じです。

好きなことをして生きていけば、人生はバラ色で、お金はいっぱい入ってきて、毎日が一〇〇点満点の幸せか、と言われればそんなことはありません。

好きなことをして生きていても、人とけんかしたり、お金がなかったり、嫌味を言われて気分が悪くなることもあります。

多くの人は幸せに対するハードルが高すぎます。

ハードルの位置が高すぎるから、ハードルの上にしか、幸せがない。

ハードルの下はすべて不幸になってしまいます。

でもハードルの位置を低くすれば、幸せなことが増えてきます。

ハードルが低くなればなるほど、幸せになってくる。幸せの基準が、一二点ぐらいでもいいのです。


ハードルを低くして、今が幸せだと思える人は、過去にどんな不幸があっても、今が幸せなのですから、「あれのおかげで今の幸せがある」と言えます。

オセロゲームのように、不幸も幸せにひっくり返せるわけです。

「こんな今が幸せ」だと思うことが、人生を最高に幸せに生きる方法です。

今、独身なら、独身の今がとても幸せ。

ひょんなことで結婚したら、結婚した今がすごく幸せ。

だんなさんと二人で稼いでいて、「こんな幸せはない」と思っていても、子どもができたら「子どもがいるとこんなに幸せ」。

今、好きなことを考えたのなら、今が一番幸せ。

今、好きなことをし始めたのなら、今が一番幸せ。

今が幸せな人は、幸せな今がずっと続きます。そして好きなことを幸せに続けられます。

今日から口癖にしましょう。

「今が幸せ」「これが幸せなんだ〜」

負け惜しみでもかまいません。

「今が幸せ」

そうすれば、前より少しだけ、幸せになった気がしませんか？

こう書いている僕も、じゃあやりたいこと一〇〇％かと言えば、まだまだ怖くて恥ずかしくて、できないこともいっぱいあります。
ただ、今までの我慢とは大きく変わりました。
みなさんと一緒にまたひとつずつチャレンジしていきたいですね。

## 第5章のまとめ

- 自分の「本当に好きなこと」は、「損得」で考えるとわからなくなる。
- あきらめてしまったことの中に、「本当に好きなこと」がある。
- 大嫌いなもの、許せないもの、腹が立つものの中に、大好きなものが隠れている。
- 「私はこれが好きです！」と言う勇気を持とう。
- 小さな「やりたいこと」から実現していく。
- 不幸を選んでしまうクセがある人は、「かわいそうな私」を手放そう。
- どうしてもできないことは、無理をしなくてもいい。
- 未来の心配のために、今を犠牲にするのをやめよう。
- 今が幸せなら、全部ひっくり返せる。

# おわりに

「好きなことをして生きていく」

最初に申し上げましたが、いかがでしたか？　もしかしたら、これを読んで絶望されたかもしれません。「私には、やっぱり、無理だ」と。

そして、もしその状態になったとしたら、実はそれがとてつもなくラッキーでもある、ということもお話ししておきましたね。

「やっぱり」って言いましたよね。「やっぱり」って。

ということは、それを、つまり「好きなことをして生きていくということはあり得ない」ということを「信じている」、ということなのです。

ねえ、そんなこと、いつから信じました？　誰がそんなこと言ってました？

子どもの頃は、そんなこと知らなかったはず。何にでもなれると思っていた、というより、不可能というものも知らなかったはずなのに、いつの間にか、そんな「思想」に取りつかれてしまって、自分の可能性を閉じてしまった。

自分の可能性を閉じるっていうのは、たとえば、消防用の極太ホースを想像してみてください。本来の、僕たちの可能性やパワーっていうのは、あそこに水がドカンと流れて、何十メートルも先まで大量に水を飛ばせるぐらいのすごいものなのです。で、自分の可能性を閉じている人は、そのホースを、体中を使って抑え込んで、抑え込んで、抑え込んで、そこにほとんどのパワーを使い果たしたのち、ストローのような口から水を出して、目の前の植木にチョロチョロと水をやろうとしているようなものなのです。

そして、そもそも、自分がそれだけのパワーを持っていることを知っているからこそ、そのパワーを全開にすると、目の前の植木は木端微塵《こっぱみじん》に砕け散るぐらいの力があると知っているからこそ、全力でセーブしているのです。それが「好きなことをしていない」という状況です。

そして、それをすると、たしかに目の前の植木は壊さないのですが、遠くであなたのことを待っているたくさんの人にも届かないのです。こっちのほうが罪です。

人が「好きなこと」をして「楽しむ」ことは、そのぐらいのパワーがあるということ、そして、それを抑え込むことを「我慢」と言います。これも、同じぐらいのパワーで抑え込むからとても疲れる。

僕は、そのホースを、手放して、抑え込まず、コントロールすることをやめたのです。そしたら、もちろん、離れていく人もいたし、傷ついたという人もいた。でも、それ以上に、素晴らしい人と出来事に今は囲まれています。その勇気、覚悟、決心をするかというだけの話です。

好きなことだけして生きていくと、当然たくさんの人に迷惑をかけます。たくさんの人に嫌な思いをさせます。でも、そのために、自分を殺して生きていくほうが、迷惑なのです。「あなたのせいで私は自分の人生を楽しく生きられなかった」なんて言いだしそうです。人に嫌われないように、笑われないように、怒られないように、たたかれないように、自分を全力で抑えて生きていくのか、いっぱい怒られて嫌われて、傷つきながらも楽しく生きていくのか。それを選ぶのはご自身です。

もちろん、こう言っている僕でも、怒られたり、嫌われたり、たたかれたりするのはとっても嫌です。でも、それ以上に、自分を抑えて生きないことを選んだのです。

「でも、現実は甘くないです」「現実をわかっていない」「どれだけうちが大変な環境にあるのか」「現実は難しいのです」というのも、もう聞き飽きた言い訳です。僕もよく言ってましたからわかります。

「そう言ってる人の現実」はいつまでも厳しいのです。その「現実は厳しい」という考え、それは「呪い」です。「現実のようなもの」を見ているだけです。

世の中は、もっと、簡単です。

世の中は、もっと甘くて優しいのです。

あなたが勝手に閉じこもって、勝手に優しさを受け取らず、勝手に厳しくしているだけなのです。そこから、出てきてほしくてこの本を書いてみたのです。

「頭ではわかっているけどできないです」「どこにでも書いてある方法ですよね、わかっています」「でも現実や行動は変わらないんです」と言われることもあります。それは、「私は理解していません」という告白をしているようなものです。僕にもまだまだあるからわかります。

この本を読んで、みなさんに望むことは、ただ「ここに書いてあることを信じてみて」ということ。そして「勇気」を出して、勇気を出す「決心」をして、大損する「覚悟」をして、今までと「逆のこと」にチャレンジしてみてください、ということです。

今までと逆のことをすると、現実も逆になるのです。

最後に、もうひとつだけアドバイス。それは「好きなこと」ができない、わからない人は「嫌なこと」「我慢して続けていること」を、やめてみる。少しずつ、そちらにぜひチャレンジしてみてください。そして自分の人生の中に「ときめく」ものだけを残していくのです。すると、「ときめく人生」になるのです（『人生がときめく片づけの魔法』〈近藤麻理恵著、サンマーク出版〉を読んで気づきました）。

そして、それをした人だけが、「長年の思い込み」という呪いの世界から「爆笑」の世界の扉を開くことができるのです。

一緒に、笑いませんか。

一緒に、好きなことをして、自由で、豊かに生きていきませんか。

著者紹介

**心屋仁之助**（こころや　じんのすけ）

性格リフォーム心理カウンセラー。

兵庫県生まれ。大手企業の管理職として働いていたが、家族や自分の問題をきっかけに心理療法を学び始める。それが原点となり、心理カウンセラーとして「自分の性格を変えることで問題を解決する」という「性格リフォーム心理カウンセラー」として活動。現在は京都を拠点として、全国各地でセミナー、講演活動やカウンセリングスクールを運営。その独自の「言ってみる」カウンセリングスタイルは、テレビ番組を通じて全国に知られることとなり、たったの数分で心が楽になり、現実まで変わると評判。

現在は個人カウンセリングは行っていないが、スクール卒業生により全国各地で心屋流心理学のセミナーやボランティアでのグループカウンセリングが広く展開されている。公式ブログ「心が風に、なる」は20万人の読者に支持され、月間800万アクセスの人気ブログ。2012年10月より約２年間、テレビのお悩み解決番組において芸能人に「魔法の言葉」を言ってもらうカウンセリングを展開。何人もの芸能人が番組で号泣し、大きな話題となる。

主な著書に、『光と影の法則 文庫版』（光文社知恵の森文庫）、『本当の自分に気づく 奇跡の言葉』（だいわ文庫）、『心屋先生のお母さんが幸せになる子育て』（WAVE 出版）、『もう、がまんしない。』（大和書房）、『人間関係が「しんどい！」と思ったら読む本』（中経の文庫）、『「心が凹《へこ》んだとき」に読む本』（王様文庫）、『すりへらない心をつくるシンプルな習慣』（朝日新書）、『50歳から人生を大逆転』（ＰＨＰ研究所）、『がんばっても報われない本当の理由』『一生お金に困らない生き方』（以上、ＰＨＰ文庫）など多数。

本書は、2014年11月にＰＨＰ研究所から刊行されたものである。

PHP文庫 「好きなこと」だけして生きていく。
ガマンが人生を閉じ込める

2019年4月9日 第1版第1刷

著　者　心屋仁之助
発行者　後藤淳一
発行所　株式会社PHP研究所
東京本部　〒135-8137　江東区豊洲5-6-52
第四制作部文庫課　☎03-3520-9617(編集)
普及部　☎03-3520-9630(販売)
京都本部　〒601-8411　京都市南区西九条北ノ内町11
PHP INTERFACE　https://www.php.co.jp/

編集協力
組　版　株式会社PHPエディターズ・グループ

印刷所
製本所　図書印刷株式会社

 ISBN978-4-569-76885-4

PHP文庫好評既刊

# 一生お金に困らない生き方

心屋仁之助 著

お金に対する向き合い方やイメージを変えれば、がんばらなくても豊かになれる！　今日からお金に振り回される人生と、さよならしよう！

定価　本体六六〇円（税別）